本著作是浙江省社会科学联合会省级社会科学学术著作出版资金资助项目
“治理的兴起与国家角色的转型（2010CBB08）”
教育部哲学社会科学研究重大课题攻关项目“新型政商关系研究（17JZD008）”的成果

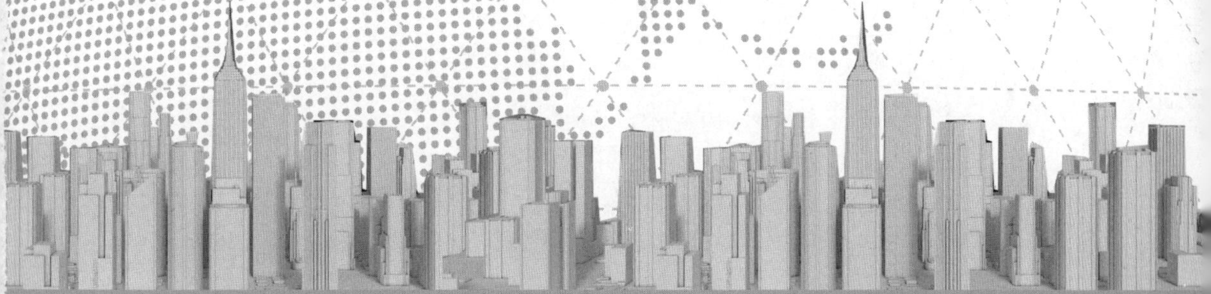

GLOBALIZATION AND STATE GOVERNANCE

全球化与国家治理

徐越倩 著

中国发展出版社
CHINA DEVELOPMENT PRESS

图书在版编目（C I P）数据
全球化与国家治理 / 徐越倩著 . -- 北京 : 中国发展出版社 , 2019.8
ISBN 978-7-5177-1043-1

Ⅰ . ①全… Ⅱ . ①徐… Ⅲ . ①国家 -- 行政管理 — 研究 — 中国 Ⅳ . ① D630.1

中国版本图书馆 CIP 数据核字 (2019) 第 177875 号

书　　名：全球化与国家治理
作　　者：徐越倩
出版发行：中国发展出版社
联系地址：北京市西城区裕民东路 3 号 9 层　100029
经 销 者：新华书店等
印 刷 者：河北鑫兆源印刷有限公司
开　　本：710×1000mm　1/16
印　　张：13
字　　数：180 千字
版　　次：2019 年 8 月第 1 版
印　　次：2019 年 8 月第 1 次印刷
定　　价：69.00 元
联系电话：（010）88913231 68990692
购书热线：（010）68990682 68990686
网络订购：http://zgfzcbs.tmall.com//
本社网址：http:www.develpress.com.cn

目　　录

摘要 ································ V

第一章　导论 ································ 1

第一节　研究缘起与问题的提出 ································ 1

第二节　基本概念的界定 ································ 12

一、全球化 ································ 12

二、现代国家 ································ 14

三、治理 ································ 16

第三节　文献综述与理论框架 ································ 18

一、国外研究现状 ································ 18

二、国内研究现状 ································ 31

三、理论框架 ································ 33

第四节　本书框架 ································ 40

第二章　治理的兴起及其对国家的挑战 ································ 43

第一节　治理的兴起 ································ 43

第二节　治理的涵义与特征 ································ 47

第三节　治理对现代国家的挑战 ································ 53

第四节　国家中心主义的式微 ································ 60

第三章 全球化、治理风险与国家的新形态 …… 65
第一节 全球化背景下的治理风险 …… 65
一、全球资本的扩张 …… 65
二、全球问题 …… 67
三、全球治理机制的不足 …… 70
第二节 全球化背景下的国家新形态 …… 75
一、全球资本与国家 …… 75
二、全球公民社会与国家 …… 78
三、全球治理与国家 …… 81
第三节 治理与现代国家的关系 …… 83
第四章 治理结构中的国家角色 …… 87
第一节 国家角色转型的理论基础 …… 88
一、“多中心治理”理论 …… 88
二、“治理网络”理论 …… 90
三、“策略关系”理论 …… 92
第二节 多层次治理结构中的国家 …… 96
一、全球化与国家权力上移 …… 96
二、地方分权改革 …… 98
三、政府间合作机制的形成 …… 100
第三节 多中心治理结构中的国家 …… 102
一、公民参与 …… 102
二、市场机制 …… 103
三、社会组织 …… 104

第四节　国家角色的转型 …… 106
一、国家-市场-社会关系的调整 …… 106
二、全球-国家-地方治理体系的形成 …… 110
第五节　国家建构理论的兴起 …… 112
第五章　中国现代国家建构的历史考察与现实挑战 …… 119
第一节　中国现代国家建构的历史过程 …… 120
第二节　全球化进程中的中国国家 …… 129
一、经济的进一步开放 …… 129
二、信息技术的普及 …… 132
三、国内经济社会结构的转型 …… 134
第三节　超越发展型国家 …… 137
第六章　中国现代国家建构的实现路径 …… 145
第一节　以“民主”建设作为国家建构的基本目标 …… 147
一、权力的合法性 …… 147
二、政治过程的合理性 …… 148
第二节　超越发展主义，完善国家的公共服务职能 …… 149
一、最低保障与兼顾效率型公共服务模式 …… 151
二、全面公平型的公共服务模式 …… 152
三、效率主导型的公共服务模式 …… 153
第三节　充分发挥市场作用，调整国家与经济的关系 …… 158
第四节　培育公民力量，重塑国家与社会的关系 …… 161
第五节　推进政府改革，重构官僚制体系 …… 168

结论……………………………………………………………… 175
参考文献…………………………………………………………… 181
后记……………………………………………………………… 198

摘　要

全球化进程中国家边界的模糊与地方力量的加强，以及经济自由、社会福利国家与民主制度之历史联盟的进一步瓦解，构成了国家的新处境。国家的新处境扩展了国家理论的研究领域，使之不再局限于国家与市场的关系，而总是围绕着国家与社会的关系以及治理等问题展开。

治理的兴起对国家权威构成了挑战，“国家中心主义”的分析框架已不复适用。但是治理的发展也为国家的转型提供了出路，国家在治理结构中仍然扮演着重要的角色，并且国家在完善治理结构上也将发挥关键的作用。对于发展中国家而言，国家角色的转型更重要地体现在国家建构上。

治理与国家之间不仅仅存在异质性，也具有同质性，治理不仅对国家主权造成冲击，同样也可以拓展和加强国家主权。反过来，国家在治理中也不完全是被动适应的一方，同时也是影响治理机制形成和运作的重要力量。对于发展中国家而言，一个强有力的国家可以更有效地实现分权与民主化，同时，发展市场力量和公民社会的力量离不开国家的保护，超越发展主义、构建社会政策体系也离不开国家的支持，而形成多元主体的治理方式，更是少不了国家的协调。可以说，发展型国家的转型既是更加全面的国家建构的过程，也是完善的治理体系的建构过程。

第一章　导　　论

第一节　研究缘起与问题的提出

全球化与国家的关系已经凸现为当代全球化进程中的核心理论问题。全球时代的叙事不仅“意味着以全球性来取代现代性；对于个人和团体来说，这也就意味着一种在行为基础和社会组织方面的全面变革”（马丁·阿尔布劳，2001），其中最明显的领域是全球化改变了国家主权与自主权的行使方式。对此，一种形象的说法是：“在全球化这场卡巴莱歌舞表演中，国家要跳脱衣舞。到节目结束时，它光溜溜地只剩下了遮羞布：镇压权。民族国家的物质基础被摧毁了，主权和独立被消除了，它也就成了那些大公司的一个普普通通的保安部门。”（鲍曼，2001）

毫无疑问，最近20年来主权国家在全球系统中的生存环境发生了巨大变化。全球化首先促进了经济世界的变革：信息技术加速了生产要素的流动，发达的通讯和交通消蚀了市场的边界，生产和金融的国际化成为不可阻拦的趋势。这种新的经济关系和过程改变了国家经济政策可能展开的范围。其次，“大量国际政权和组织的成立，它们管理着整个跨国行为（贸易、海洋、空间）所涉的领域以及集体的政策问题。新形式的政治联合数目的增长反映了跨国联系的快速膨胀”（David Held，1991）。全球化中成长起来的跨国组织和国际组织在某些方面改造着传统主权国家所承担的职能。与这两者相适应的是，“使个体、政府和非政府组织隶属于新的法制的国际法体系的发展”（David Held，1991）。换言之，一系列国际规则对试图从全球体系中获得利益的国家的自主性行为设下了一定程度的限制。

国家外部生存环境的改变直接影响了其内部功能，产品和服务的大批量流动引起的经济不确定性要求国家提供更多的社会保障以维持社会稳定，但这无疑使其长期以来备受困扰的追求财富与平等之间的矛盾更加突出；国际行为主体的数量增多和功能强化，限制或替代了国家权力的发挥；全球问题的出现，不仅推进了全球意识的提升，而且对国家解决跨国界的能力提出了质疑；市场力量的扩张，侵蚀着国家力量的边界，并且削弱了国家存在的理念基础；个人行动的选择性增强，自主性提高，使个人对民族国家这个共同体的依赖程度有所减小。

显然，已有的民族国家的分析框架正经受着极大挑战，而无论是对资本全球化的回应还是推动超国家和亚国家层次新制度和规制体系的建立，对国家的讨论都已不再局限于国家与市场的关系，而是扩展到国家与社会关系以及治理等问题。在这些新议题中是否已经放弃了对国家的传统理解？国家是否依然为国家理论所主要关注？国家如何才能有效地履行传统职能、开辟新的职能？国家如何在地方、地区、全球的多层次治理体系中找到恰当的位置？这些急迫而重要的问题摆到了我们面前。

2008年下半年以来，由美国次贷危机所引发的金融危机已经转化为全面的经济危机，给世界经济带来了重大而持续的破坏性影响。世界贸易组织在近日发表的预测报告中称，2009年世界贸易总量将下降9%， 这将是自第二次世界大战以来最大的降幅。其中，发达国家的贸易量收缩10%左右，发展中国家的贸易量下降2%—3%。作为此轮金融危机的发源地，美国经济自2007年12月进入衰退以来，国内就业岗位已经减少了360万个，失业率目前为7.6%，是16年来最高点。美联储估计，2009年失业率可能上升到接近9%。欧洲经济也面临严峻形势：专家认为2009年欧盟经济将出现统一货币后的首次负增长。其中，英国自去年第三季度进入衰退期。据有关研究机构预测，2009年英国实际GDP比上一年下滑1.4%，在欧盟主要国家中跌幅最大。曾经被认为有望挺过西方经济衰退的新兴经济体情况也不乐观。一些新兴经济体陷入严重危机，比如冰岛。在危机最盛时，冰岛国内银行的总债务是该国经济规模的近12倍。

面对如此全面性的经济危机，各国政府纷纷拿出大量资金用于救市。

2008年10月3日，美国通过7000亿美元金融救援计划；2008年10月8日，英国推出一揽子银行救助计划，将投入500亿英镑来挽救英国银行业，并对这些机构实施部分国有化；2008年10月21日，德国上议院批准5000亿欧元银行救助计划；2008年11月10日中国推4万亿元经济刺激计划；2009年2月17日，美国奥巴马签署7870亿美元经济刺激计划；2009年4月2日，G20峰会的与会领导人达成共识，为国际货币基金组织和世界银行等多边金融机构提供总额1.1万亿美元资金，以推动全球经济复苏。

在扩大政府开支、向金融机构增注巨资以刺激经济的同时，借助多边金融监管机构等措施强化国际金融监管的呼声也越来越高。欧盟为此提出了加强金融监管的“梯度方案”，首先要在欧盟内部建立统一的金融监管机构，其次要把其监管标准推向国际。在此次伦敦的G20峰会上，与会领导人就同意针对对冲基金和信用评级机构设立更为严密的监管规定，首次把对冲基金纳入金融监管范围。并就国际金融机构改革，同意新建一个金融稳定委员会，以强化各方合作、监测全球宏观经济和金融市场上的风险，预警隐患。

就此而言，如何应对全球性的经济危机至少出现了两种方案，一是通过政府注资来刺激经济，一是加强金融监管，改革世界金融体系。围绕着“加强监管”和“刺激经济”的分歧，国家角色的问题再一次引起了人们的大讨论。

国家的角色无疑对一个国家或区域的经济和社会的发展影响深远。人类社会发展的历史表明，没有国家的发展是不可能的，缺少国家对社会秩序的有效建立和维持，个人的生命是“孤独的、贫穷的、平庸的、野蛮的和短命的”（霍布斯，1985）。而过渡国家的发展则是无自由的，因为国家的强制性代替了社群的资源性，国家的专制掠夺了公民自治，国家的利益排挤掉了个人的利益（哈耶克，1997；哈贝马斯，1999）。有限且有效的国家对于可持续发展来讲是适当的。

席卷全球的经济危机、苏联和东欧国家指令-控制型经济的崩溃，西方福利国家的财政危机，大多数东亚国家和地区在经济增长和减少贫困方面所取得的巨大成就，以及非洲和其他地区的政府所面临的危机，都使人们开始关注和思考国家在政治、经济和社会发展中的作用以及如何发挥作用（世界银行，1997）。

在以往的两个世纪中，西方社会对“国家应该是什么”问题的回答经历了三个不同阶段：自由放任社会、福利国家和新古典主义阶段[①]（欧文・E・休斯，2001）。18世纪以来的西方社会一直奉行“自由放任”的经济政策。“自由放任”一词意味着国家应当禁止干预商业活动，它被早期自由市场论者鼓吹为取得经济增长的最佳途径。这一经济自由主义思想在相当长时期内都产生着重要影响。直到进入20世纪，以现代的标准来看，国家政府仍然是小规模的。但是20世纪40年代以后，西方主流经济学发起了一场大规模的揭露市场失灵的学术运动，这场学术运动的主力军是凯恩斯主义经济学家，他们在攻击市场缺乏效率的同时主张政府干预经济生活。这一理论在二战后大行其道，资本主义国家在认识到经济危机并非任何非国家力量所能解决之后，一反“守夜人”的传统形象而扮演了一个强大保护者的角色。在战后重建中，从美国到西欧到斯堪的那维亚国家，各国政府充分发挥自主权，通过对经济和社会政策的调整重振国家经济和社会民主。在这一过程中，西方国家的福利体制逐步确立。自政府在经济发展中的作用稳步提升后，这个20世纪上半叶，各国政府权力日益扩大，无论是在社会主义苏联、东欧国家还是中国，无论是社会主义国家所有制还是计划经济，还是救治资本主义经济危机的凯恩斯主义，虽然政府干预的程度有很大的不同，但在强调政府代表公共利益组织和管理经济的职能这一点上，颇有异曲同工之处。

上述强化国家作用的趋势大约持续了半个多世纪后，风向完全倒转过

---

① 这里的“新古典主义”与本书中使用的“新自由主义”同义。自由主义自产生以来，几经变异，特别是19世纪80年代以格林为代表的牛津唯心主义学派对英国古典自由主义进行了全面批评和重新解释，20世纪30年代大萧条以后，凯恩斯主义成为了主流意识形态，自由主义转型为新自由主义（Neo-liberalism）。而在20世纪70年代后期以来主导国际意识形态的自由主义，较多强调对古典自由主义的继承与复兴，被人们称作“古典自由主义”“新古典主义”或“新自由主义”（New liberalism）。本书统一行文为“新自由主义”。

来。当20世纪70年代的石油危机到来的时候，福利制度面对危机的无力解决最终成为人们对它进行广泛批判的导火线，福利国家阶段开始向新自由主义阶段转变，这一方面表现在理论上自由主义者对福利国家思想的批判和致力于政府失灵研究的公共选择理论的兴起，另一方面表现在新自由主义政策在国内和国际层面的推行。首先，“政府失灵”引发了人们对自由放任的怀古情绪。20世纪70年代，以哈耶克的新自由主义、弗里德曼的货币主义和卢卡斯的新古典宏观经济学为代表的新自由主义理论得到了迅速发展。政府干预经济、加大调控力度等做法遭到了自由主义者在理论上猛烈、全面的批判。20世纪80年代流行起来的公共选择理论将“政府失灵”研究更推进了一步。公共选择理论以经济学方法论证政府干预行为的局限性或政府失败问题。为了纠正政府失灵，公共选择理论提出两种主要的解决思路：一种是芝加哥学派的主张——“重新创造市场”，包括设计偏好显示的新机制，以及对政府机构进行市场化改革；另一种思路是以布坎南为代表的弗吉尼亚学派的主张——进行宪法改革，对政府权力施加宪法约束，即在政治上“发明一种新的政治技术和新的表现民主的方式”（亨利·勒帕日，1985），在经济上不能盲目推崇凯恩斯主义。

以政府干预应该最小化为主要特征的新自由主义政策也开始在国内和国际层面得到推行。国内层面，以哈耶克的保守主义政治思想和弗里德曼等人的经济自由主义思想成为各国进行经济调整的依据。在美国，里根政府将政府的扩张性财政政策看作是通货膨胀和经济停滞并发的根源，于是反其道而行之，代之以对供应方面的关注，加强货币政策的地位，实行减税制度。“里根经济学”带领美国经济摆脱了70年代的滞胀，带来了战后第二个最长的持续繁荣时期。同样的情况发生在英国。“福利国家”虽然使英国的传统政治体制得以继续维持下去，但其对长期经济效率的忽视却将英国经济引入一种低效率、低速度的恶性循环之中，使战前就已萌生的“英国病”急剧恶化。撒切尔政府采取紧缩财政政策、大幅度削减公共开支、并对国有企业实行私有化改革的措施，力求实现对英国经济体制的结构性调整。在其执政后期全面改革社会保险制度，实行分摊保险金制度。经过撒切尔夫人近12年的货币主义政策试验和经济体制改革努力，到90年代初，市场力量发挥作用的范围越来越大，政府干预的范围越来越小，“福利国家”对国民的福利关照大大缩小。与英美改革同步，西方其他主要资本主义国家也纷纷削减社会福利，向工会势力开战。一时间，推行经济自由主义和削弱政府的经济作用成为新的时尚，宏扬市场的作用成为20世纪最后20年的时代主题（吴敬琏，2000）。

与此同时，新自由主义政策以结构调整为名在国际层面被推行。这主要表现为美国大力倡导的国际自由经济秩序进一步确立。国际货币基金组织、世界银行和关贸总协定（1995年后改名为世界贸易组织）等组织，使一系列包含了保证国际经济自由化的规范成为制约各国内外政策的重要因素。

进入20世纪90代以后，世界各国尤其是各发达国家，都把政府改革提到重要的议事日程，纷纷用企业家精神改造政府，掀起了“政府创新”“政府再造”和“新公共管理”等运动：相继采取了一系列措施，调整政府职能，缩小政府规模和管理范围，精简机构和人员，减少政府开支；改革公务员制度、社会福利制度和财税制度；私有化（privatization）公营企业、放松规制（deregulation）、向非政府机构（NGO）分权推行多元治理，赋予企业和其他社会实体更多的自由度。如英国的“效率小组”（eficiency unite）和“公民宪章运动”，加拿大的“公共服务2000年计划”（public service 2000），美国的国家绩效评估运动（National performance Review, NPR），新西兰和澳大利亚的政府改革等等。这宣告了一个政府改革时代的到来（Administrative Reform Comes of Age）（张成福，1999）。

新千年伊始，国家的作用更是在全球化的背景下展开。《国际社会科学杂志》在2000年出版了“变化着的国家角色”专号，来讨论国家的新角色。正如Woods所说，对全球化影响的争论是无止境的（Ngaire Woods, 2000）。一方面全球化正挑战着国家的传统职能和权威，另一方面，它也引发了一场新的有关全球化与国家关系的讨论。这场争论最初是由一种“国家正在消亡”的说法引发的。然而这种说法在最近却遭到了来自各个方面的、前所未有的质疑。

前60年是国家成立的顶峰时期，有超过100个国家相继形成（Juan Enrique, 2000）。1950年到1989年平均每年都有2.4个国家成立，1990年到2000年增加为每年3个。尽管整个国家体系是一副复杂的图景，国家有大小之分、人口疏密之分、穷富之分、强弱之分、发达与欠发达之分等等，但是要断言国家正在走向终结还为时过早。

相对应的，有关全球化进程中的国家角色有两种截然相反的观点。如托马斯·弗里德曼、詹姆斯·罗西瑙、苏珊·斯特兰奇、Richard Rosecrance、罗伯特·考克斯、Saskia Sassen等，认为全球化和市场的力量削弱了主权国家的能力，国家不再能独立、自主的行动以解决国内外的诸多问题。弗里德曼认为技术的变革、信息的传输、资本的流动已经给国家穿上了"束身衣"，迫使国家采取地区范围的政策来巩固其政治边界，以抵御全球化的冲击（Thomas L. Friedman, 1999）。罗西瑙声称"国家中心的世界"将不再占统治地位，国家不再是唯一的行为体（James N. Rosenau, 1991）。斯特兰奇也认为国家的能力不再如以往强大，一些非国家行为体，大的跨国公司开始分享国家的主要职能。在她的著作《重新对待国家》一书中，斯特兰奇说到，决定利益分配的不再是民族国家，因为技术的变革和民族经济融入全球经济的事实减弱了国家的能力（Susan Strange, 1998）。正如罗西瑙、斯特兰奇和Rosecrance所说，国家自主性受到了限制，国家将变成国际市场行为体中的一员，将不得不与国外的其他成员协商，共同解决国内的经济问题（Richard Rosecrance, 1996）。罗伯特·考克斯也发现国家在全球化的进程中逐渐失去对国内经济的控制力。他认为国家的角色很难再被视为是国内经济遭遇冲击时的保护伞和缓冲器（Robert W. Cox, 1996）。Saskia Sassen认为全球化已经影响了国家的边界和主权，全球经济的发展和与之伴随的技术变革已经重塑了国家（Saskia Sassen,1996）。这种相信国家受到全球化冲击的观点包括：国家正在失去一些传统的职能，如控制信息的传递，主导文化价值，对经济进行独立的管理，对收入和财富的权威性分配等（Vincent Cable, 1996）。

可见，全球化缩减了国家的管理范围，削弱了国家的能力和自主性。特别是，国家的权力和跨国公司的权力都还是转向有利于企业发展的方向。为了吸引高利润的跨国公司，政府甚至为它们付税，例如以色列政府就为英特尔公司支付了6亿美元，为了英特尔厂房的基础建设以及垫付少收的税收。甚至在发达国家，例如阿拉巴马州和南卡罗林那州政府为了吸引奔驰和宝马公司而支付了大量的资金（Lester C. Thurow, 2000）。此外，他们相信国家不再是政策制定的中心，特别是在经济领域，国际政府组织、非政府组织、跨国公司以及专业的网络组织，公民组织、公司等等提供了政府不能提供的服务，从更多方面满足了公民的需要；而且，这些组织也逐渐开始直接或间接地影响政策的制定。例如经济决策的制定越来越多地发生在公司部门、国际股票交易或者有非政府组织和公司领导者参与的协商会议中。国家成了一个政策的获取者以回应或调节政治现实，而不是占支配地位的政策制定者（Samuel S. Kim, 2000）。简单来说，国家已经很难再作为一个独立的主导者、控制者或保护者。

另外一种截然相反的观点是，国家的权力和权威并没有消失，国家也并不会在全球化的进程中消失。他们认为，全球化在一定程度上提高了国家的能力以迎接诸多挑战，突出了国家的重要性。例如，Krasner并不认为全球化消蚀了国家的控制力。他声称，过去200年的技术变革推动了人们、产品、资本和理念的流动，这并不是一个新现象，而国家都比以往的任何时候要更能回应这些问题（Stephen D. Krasner, 2001）。Kapstein主张国家和民族企业仍然紧密相连，尽管世界贸易、资金流和全球经济联合日益加速（E.B.Kapstein, 1993）。大多数跨国公司的总部仍在其母国的主要城市，跨国公司支付各种税收给其母国的政府。Panitch认为国家和资本被认为是两个独立的领域是，而不是一个整体的两个部分，是错误的观念，资本全球化是在国家的支持下进行的（Panitch, 1996）。相似的，Langhorne认为在未来的全球化过程中，政府的作用仍然是关键的，甚至会在吸引国外直接投资的政策制定中发挥更重要的作用（Richard Langhorne, 2001）。Robert Holton在其《全球化与民族国家》一书中提到有两个挑战民族国家的因素，即全球资本和文化趋同。他观察到国家自主性并没有因资本的全球化而消弱，国家身份、种族划分和文化并没有被全球文化趋同取代。马丁·沃尔夫假设了国家之于全球化三个非常重要的原因：（1）

社会获取全球化利益的能力取决于公共产品的质量，例如产权、法律体系、教育等，而这些公共产品都是由国家提供的；（2）国家通常决定了身份；（3）全球治理依赖于国家维持稳定的能力（Martin Wolf, 2001）。总之，对于这一观点的支持者而言，全球化突显了国家的重要性。国家的传统职能（保持国内外的安全）正在和经济发展、社会基础设施建设、政治稳定的维持、科学文化的发展以及民族利益的保护紧密相连。但是，他们也并未声称国家是完全独立的或者是是世界政治经济体系中的唯一行为者。

尽管对全球化进程中国家的能力和重要性有着两种不同的观点，但有一点可以肯定，全球化已经改变了国家的生存环境，全球的国际事务、日益活络的社会互动和高度复杂的公共问题，使得过去强调的国家角色、国家干预的“统治”方式无法回应公民的需求，一个超越传统政治学架构、问题解决取向的“治理”范式应运而生。治理的兴起推动着国家角色的转型。这种转型不再局限于国家与市场的关系，而总是围绕着国家与社会的关系展开。

这一转型也体现在中国的国家发展中。中国自1978年改革开放后的40多年，体制改革重点在经济领域展开。1984年中国在农村基本实现家庭联产承包责任制，并在随后几年里完成了价格体制的改革，1987年中国共产党的“十三大”确认了中国的“社会主义初级阶段”，1992的“十四大”提出建设社会主义市场经济，2001年中国加入世界贸易组织（WTO），中国初步建立了市场经济体制。这40多年的改革使得走向市场经济成为社会的共识。市场经济早就有之，“社会主义市场经济”却是个新鲜事物。从邓小平关于社会主义的定义——“社会主义的本质，是解放生产力，发展生产力，消灭剥削，消除两极分化，最终达到共同富裕”——可以看出，社会主义市场经济本质上是想实现公平与效率的完美结合。

但市场经济本身也有“好的”与“坏的”之分（钱颖一，2000a）。前者如欧美等发达资本主义国家，市场经济创造了高度发达的物质文明，也创造了一个公平的竞争环境，竞争规则激励人们谋取利益，并将个人的自利行为转化为共同的社会福利，保证了经济与社会的持续稳定发展；后者如秘鲁、阿根廷、印度与印尼等，虽也实行市场经济，但政府权力过大，严重约束了社会成员的经济行为，如印度的法律曾经规定即便是私人企业，人数超过50便不得解雇工人；秘鲁则出台大量的法律法规，政府权力对民营企业的建立和进入市场制造层层障碍。政府权力过大造就了整体性寻租社会，窒息了经济活力，最终难免因分配不公、贫富分化而带来严重的社会震荡和经济发展的中断。

“好的市场经济”有赖于法律、规则。“现代市场经济作为一种体制的根本游戏规则就是基于法治的规则”，在法治之下，政府不能对经济活动任意干预，法治同时也约束经济人行为，其中包括产权界定和保护，合同和法律的执行，公平裁判，维护市场竞争。这通常要靠政府在不直接干预经济的前提下以经济交易中第三方的角色来操作，起到其支持和增进市场的作用（钱颖一，2000a）。正因如此，中国共产党的“十五大”提出建立法治国家的目标将对中国社会经济的发展产生深远的影响。

如果说政府与市场的关系，使得政府行为在改革开放的前20年成为社会关注的焦点，那么20世纪90年代开始国家-社会的分析框架在学界兴起后，特别是进入新世纪以来，对国家的论述逐步增多，大有“回归国家”之势。由此出现了种种政治设计，如回归传统的儒学政治，要求建立王道国家等（徐勇，2006）。

在国家-社会的框架下，有一部分学者旨在发现中国市民社会的萌生，着重于从社会的角度研究第三部门、农村村民自治和城市社区自治等问题，特别是以非政府组织（NGO）的研究最为集中。20世纪90年代中期以来，大量非政府组织的个案研究涌现，代表性的研究有：康晓光关于希望工程的研究（1997—1999），杨团关于天津鹤童老人院（1998）和上海罗山会馆（1999—2000）的研究，丁元竹关于志愿者组织的研究（1998—2000），日本国家交流中心（JCIE）毛受敏关于中国环境NGO的研究（1998—1999），高扬关于在华外国NGO的调研（1998—1999），王名等人对新时期民间非营利组织基本情况的调研（1999—2001），余晖等关于行业社会的研究（2002）等。[①]在研究成果方面，出现了一系列的著作，徐永光主编的《第三部门研究丛书》是其中的代表。这一系列研究包括了10个课题，覆盖了与第三部门有关的最主要的研究领域、角度和方法，包括募捐、资助、激励机制、监督机制、法律环境、文化功能、效益评估、转型期发展模式、发展历史、国际比较等方面（郁建兴、周俊，2006）。

但随着市场经济发展和市民社会的成长，进一步的研究必然指向现代国家的建构。因为，没有一个现代国家，现代公民社会也难以建构起来。市民社会的增长绝不能看作是国家机构体系衰落的自然、必然后果，要成功和安稳地培育市民社会的生长，一个有效能的国家政权是必不可少的环境条件（郁建兴，2003）。

正是由于市场经济在中国的逐步确立，以及市民社会在中国的萌发，使得对于现代国家的研究更多的体现在国家-市场-社会的三元结构中，在这种重塑国家-社会关系的研究中，“治理”是一种重要的理论资源和实践的指导原则。“治理”意味着政府组织已经不是唯一的治理主体，治理承担者从政府扩展到政府以外的公共机构和私人机构；治理中的权力运行方向从单向度的自上而下的统治，转向上下互动、彼此合作、相互协商的多元关系；形成了从事公共事务的多中心的社会网络组织治理体系；政府治理策略和工具发生转变。“治理”的兴起对国家中心主义的思潮形成了强烈的冲击，它要求市场、市民社会发挥更大的作用，与民族国家一起构成一个多中心的治理体系。在这个体系中，国家对于社会内部的整合、国家与经济、国家与市民社会、国际组织之间的互补与协作就显得尤为重要。

① 参见王颖等：《社会中间层——改革与中国的社团组织》，中国发展出版社1993年版；康晓光：《创造希望》，漓江出版社、广西师范大学出版社1997年版；丁元竹：《中国青年志愿者协会》，联合国区域发展中心、清华大学NGO研究中心，2000；王名主编：《中国NGO研究——以个案为中心》，联合国区域发展中心、清华大学NGO研究中心，2001；余晖等：《行业社会及其在中国的发展：理论与案例》，经济管理出版社2002年版；郁建兴等：《在政府与企业之间——以温州商会为研究对象》，浙江人民出版社2004年版；郁建兴等：《民间商会与地方政府：基于浙江省温州市的研究》，经济科学出版社2006年版。

因此，在现代化与全球化进程中，中国国家角色的定位的研究不仅仅是因为形势背景的需要，更是因为它对社会将形成什么样的制度、中国将走向什么样的国家体制影响深远。我们不仅需要从理论视角深入研究国家应该在社会经济中扮演什么样的角色，还需要探索如下问题：国家实际上扮演了什么样的角色？这种角色对社会经济的发展会产生什么样的影响？哪些因素决定着它扮演这样的角色？这些问题的回答将从现实经验与理论结合的角度为政府角色定位提供新的启示，为促使国家角色朝着理性预期的方向转变提供方法论基础，从而有效提升我们对未来进行能动选择的能力。

基于此，本研究关注如下核心问题：全球化背景下治理的兴起对国家中心主义的分析框架造成了怎样的冲击？在治理体系中，国家应该如何定位自身的角色？治理与现代国家的建构之间存在着怎样的张力？在全球化的进程中，中国的国家建设有着怎样的目标模式，应如何加强国家能力回应经济危机等问题，以及如何处理好国家与市场、国家与社会的关系？

第二节　基本概念的界定

一、全　球　化

关于什么是全球化的问题，已有许多学者作出了讨论。赫尔穆特·施密特在其《全球化与道德重建》一书中试图从全球化现象的具体描述入手，从形象到抽象逐步深入探讨全球化问题。施密特认为，全球化是一个实践政治命题，也是一个社会经济命题，还是一个思想文化命题。

拉尔夫·达伦多夫于1998年发表了《论全球化》一文。他认为，20世纪70年代的生态危机，80年代的核武器辩论（特别是切尔诺贝利核电站事故以后），使人们产生了全球意识。他强调，除了技术因素以外，80年代以来各国普遍实行的新自由主义政策（放松控制、私有化、自由化）是推进全球化的前提条件。在这种条件下，世界经济发生了巨大变化。在90年代经济发展不再是少数几个国家的事情。它实际上已经成为全球性的事业。达伦多夫同样没有为全球化作出明确定义，但是他批评了目前人们对于全球化的片面认识。

德国著名社会哲学家于尔根·哈贝马斯1998年发表了《超越民族国家?——论经济全球化的后果问题》一文，明确地把全球化界定为“世界经济体系的结构转变”。这一转变过程主要有4个显示指标：（1）国际贸易在地域上的扩大，相互作用的密集程度日益增多。（2）金融市场的国际网络化促进了短期投资，加快了资本流通，运动中的资本很容易摆脱各国税务机构的干预，在国际交易所的压力下，政府陷于一种局外人的地位。（3）在其他国家越来越多的直接投资归功于跨国协调合作的发展，这种协调合作在决策中越来越独立于本国生产基地，因为它们可以使用资本外逃的选择权（并以此进行威胁）。（4）从“门槛工业国家”出口的工业商品直线上升，这加强了对于经济发展与合作组织国家的竞争压力，推动它们在优先发展高新技术产业部门的方向上，对于本国经济进行改造。

德国著名社会学家、慕尼黑大学乌尔利希·贝克教授在1997年出版的《什么是全球化?》一书中对全球化作出了比较全面细致的定义。他把广义的全球化概念细分为客观现实、主观战略与主客观相互作用的发展进程三个不同的层次，分别使用了全球性、全球主义与全球化三个不同的概念。他认为全球化描述的是相应的一个发展进程，这种发展的结果是民族国家与民族国家主权被跨国活动主体，被它们的权力机会、方针取向、认同与网络挖掉了基础。全球化指的是空间距离的死亡。

20世纪90年代初，欧洲委员会自然科学与技术评估预测计划的领导人、比利时勒芬天主教大学经济学教授里卡多·比德雷拉倡议建立由欧洲、北美、日本等发达国家的近20名专家学者组成的“里斯本小组”，集中研究全球化问题。1995年出版了《竞争的极限——经济全球化与人类未来》一书。在这本书中，里斯本小组对于全球化的概念、基本范畴与发展动力作了比较权威的界定。里斯本小组认为可以从不同的全球化发展进程来定义全球化：金融与资本占有的全球化，市场与市场战略的全球化，技术和与它相联系的科研以及知识的全球化，生活方式与消费模式以及文化生活的全球化，调节能力与政治控制的全球化，作为世界政治统一的全球化，观察与意识的全球化。

可以说，全球化的概念是多维度的。全球化主要是一个经济范畴，是资本的无限增值和扩张本性的外在表现，是人们对世界各国的经济联系日益密切、相互渗透乃至体现出一体化趋势这样一个事实的引申性描述。它是在国际范围内统一运作的一种经济，无论资本流动、劳动力市场、信息传送、原料提供、管理和组织等均实现国际化，亦称“全球的网络化”。全球化是指当代人类社会生活的活动空间日益超越民族国家主权版图的界限，在世界范围内展现出全方位的沟通、联系、交流与互动的客观历史进程及趋势。它与国际化不同，国际化重在以民族国家为主体的国际间交往上，全球化则表现为跨国界、跨地区的力量，它更强调国际主体的行为和国际规范的作用。全球化是一个与西方主导的现代性同步的过程，是当代资本主义发展到一个新阶段的综合结果和外在表现。

二、现代国家

当我们讨论现代国家时，常常意指发源于西方、随后传播到世界其他地方的“国家”。不提及现代西方国家，就几乎不可能谈论发展中国家的国家。正如法国学者贝特朗·贝蒂（Bertrand Badie）所表明的，全球化是一个政治秩序西方化的过程——“国际体系的建立，趋向于规则、价值和目标的统一化，同时主张在其中心内整合全人类”（Bertrand Badie，2000）。由此，在我们讨论全球化是如何影响了中国之前，讨论现代国家是什么以及它如何传播到世界其他地方，就是重要的。

马克斯·韦伯给我们提供了一个有关现代国家的“理想–典型”的定义：一种组织，在一个既定的领土内，由国家领导人（行政权威）所领导和协调的大量机构组成，具有制定和执行对所有人有约束力的规则的能力或权威，并且为社会其他组织制定规则参数，只要必要就会采用强力

（Joel S. Migdal, 1998; Max Weber, 1964）。换句话说，通过主张主权、领土、合法性、民主之间适当的对称和对应，现代国家将自身同过去所有的政治组织形式区别开来。主权的概念寄托着这样一种独特的主张，即在限定的界限内正确行使政治权力（Q. Skinner, 1978; D. Held, 1995）。它规定了共同体内部的政治权威，它在特定的领土内具有决定规则、法规和政策框架的权利，并且依据它们进行统治。

更具体的，依据戴维·赫尔德等人的观点，现代国家具有以下独一无二的特征。第一，当所有国家做出领土要求时，只有在现代民族国家体系内，确切的国界才逐渐固定下来。第二，只有在人民的“约定”下，民族国家权力与权威的内部敌对中心崩溃之后，暴力和强制手段的垄断权利才成为可能。第三，现代国家是一个非人格化的主权政治秩序，它是法律限定的权力结构，具有特定领土范围内的最高管辖权。第四，现代国家获得了公民的忠诚，并声明自己是合法的，因为它体现和代表了公民的需求、意愿和利益（David Held, Anthony McGrew, David Goldblatt and Jonathan Perraton, 1999）。特别是欧洲和北美的现代民族国家获得了一种特殊的政治形式，如自由主义民主制。自由主义民主制意味着影响共同体的决策是由代表的子群决定的，他们在选举过程中被选择出来，在法治的框架内进行统治。在民族国家的政治领域中，自由主义民主制的独特之处是存在一组规则和制度，所有这些规则和制度都是它成功发挥功能所必需的条件（Robert Dahl, 1989）。

现代国家的形成和发展是一个长期的过程。在本质上，现代民族国家是西方政治发展的产物，经历了不同历史阶段的巨大变革。在现代国家开端之前，多民族的帝国和地方政治组织的不同形式盛行于不同的地域，如部落、城市国家和封建领地等。现代国家是一个政治创造，它解决了所有这些主要的政治组织形式所面临的困境。

从制度的角度，有两种对国家的定义方法，一种是组织意义上的，一种是功能意义的。从组织意义上可将国家定义为一系列政府机构，现代国家则是政府的一种特殊形态。它具有五点特征：（1）国家是一个有组织的、独立的机构或者一系列机构，不同于社会概念，以至于有了公共领域和私人领域的区分。（2）国家代表了领土范围内的最高权力，对所有法律具有最终解释权。（3）国家主权平等地影响到每个人。（4）现代国家的公职人员往往被培训成符合官僚制规则的人。（5）国家有权力进行税收来支付其公共开支。这五点特征并没有提到社会学家和历史学家经常用来区别现代国家和前现代国家的特征，也没有明显地指出现代国家的民主特性。同时，这个定义也让人追问，国家应该被视为一个单个的、统一的行为者，还是应该被视为存在于国家组织中的个人角色和行为的集合，还是一个次组织的聚结。组织意义上的定义建议建立持久的政体，从一个高度中央集权、官僚制的、具有强大的行政权的、在法律中占有特殊地位的社会发展到“无国家”的社会。从功能意义上可将国家视为产出特殊目标、意图或结果的机构，相应的，也可以通过结果来定义国家。这种定义方法会扩大国家的内涵。例如，如果我们认为国家的一项重要职能是凝聚社会，那么从结果来看，具有同样功能的家庭也将被视为是国家的一个组成部分。这种定义方法也将国家看作是一元行为体，排除了将国家视为个人网络合作的聚合的可能。功能主义国家的概念在马克思主义的方法中尤为明显，同时也出现在多元主义者的论述中。

三、治　　理

英文中的“治理”（governance）一词源于拉丁文和古希腊语，原意为控制、引导和操纵。到14世纪末叶，英格兰国王亨利四世使用它来用以表明上帝之法授予国王对国家的统治之权。长期以来，它和“统治”（government）一词交叉使用，并且主要用于国家的公共事务相关的管理活动和政治活动中。

但是，自从20世纪90年代以来，西方政治学和经济学家赋予“治理”以新的含义，它不再只局限于政治学领域，而被广泛运用于社会经济领域，不仅在英语世界使用，并且开始在欧洲各主要语言中流行，并由对发达国家的研究扩展到对第三世界国家的广泛研究上。治理的兴起首先标志着一种新的政府管理方式的出现，用治理理论家罗茨的话说：“治理标志着政府管理含义的变化，指的是一种新的管理过程，或者一种改变了的有序统治状态，或者一种新的管理社会的方式（罗伯特·罗茨，2000）。”这种新的政府管理的本质在于它所倚重的统治机制并不靠政府的权威或制裁，强调围绕共同事务，寻求社会自组织的自治以及政府与社会的合作。

在关于治理的各种定义中，全球治理委员会的定义具有很大的代表性和权威性。该委员会于1995年发表了一份题为《我们的全球伙伴关系》的研究报告，并在该报告中对治理作出了如下界定：治理是各种公共的或私人的个人和机构管理其共同事务的诸多方式的总和。它是使相互冲突的或不同的利益得以调和并且采取联合行动的持续的过程。它既包括有权迫使人们服从的正式制度和规则，也包括各种人们同意或以为符合其利益的非正式的制度安排。它有四个特征：治理不是一整套规则，也不是一种活动，而是一个过程；治理过程的基础不是控制，而是协调；治理既涉及公共部门，或包括私人部门；治理不是一种正式的制度，而是持续的互动。

此外，还有不少研究者从其他角度论证了治理的含义，例如罗茨详细列举了七种关于治理的定义，以此加深人们对治理概念的理解和使用（罗伯特·罗茨，2000）；格里·斯托克精辟地概述了治理的五种主要特征，准确地勾勒出治理运作的基本规则和特点（格里·斯托克，2000）；瑞士政治学家皮埃尔（J·Pierre）从环境变化与治理发展的角度论证了治理的意义，认为其主要动力源于民族国家努力适应外在环境的要求；韦勒（P·Weller）则从公共政策结构和过程的变化角度，指出治理需要我们思考如何变革现有“单中心的”政策框架，建构“多中心”、多角色互动合作的政策过程；美国著名教授莱斯特·塞拉蒙（Lester M·Slamon）则称之为“新治理”（new governance），认为治理是实现公共服务效益、效率、公平的基本工具，是超越于“公”与“私”二元结构的、实现社会网络体系化的策略创新。世界银行则采用了最为简单的治理概述表达方式，即“它涉及运用政治权力来管理国家的事务”。围绕治理与统治的辨析，让-彼埃尔·戈丹（Jean-Pierre Gaudin）则指出“治理从头起便须区别于传统的政府统治概念”。我国治理理论研究学者俞可平从权威和权力运行两个向度区别了治理与统治的差异。

通观上述诸多解释可以看到，治理的内涵与实质主要是：第一，治理意味着政府组织已经不是唯一的治理主体，治理承担者从政府扩展到政府以外的公共机构和私人机构；第二，治理中的权力运行方向从单向度的自上而下的统治，转向上下互动、彼此合作、相互协商的多元关系；第三，形成了从事公共事务的多中心的社会网络组织治理体系；第四，政府治理策略和工具发生转变。

第三节　文献综述与理论框架

一、国外研究现状

目前国内外对国家角色的研究主要集中在四个领域：（1）从国家与经济的关系看，对国家的考察主要围绕着“国家应该在经济中扮演什么样的角色”而展开。（2）从国际关系的视角，对国家的研究主要是以主权观的变迁为线索的。（3）在全球化的分析框架下，许多学者对国家的未来发展模式作出了预测。（4）在公共行政领域，对国家角色的讨论更多地体现在政府改革上。

1. 国家的经济职能

国家在经济中应该扮演什么样的角色？这是300多年来经济学中一个争论不休的问题。虽然在今天，政府与市场的并存与合作已成共识，但历史上的争论却一直是在“自由主义”和“政府干预”两大派别之间展开的。至当代，发展经济学高度关注政府在经济发展中的作用，既从理论上探索政府的角色定位，也从实践中做经验概括。至1997年世界银行发表《变革世界中的政府》，关于政府在经济中的作用，人们已经从理论上形成了相当完整的认识。

自由主义的国家理论认为，国家应尽可能少地干预经济。在政治学的传统中这一思想可以追溯到17世纪的古典自由主义理论。洛克就在其1690

年出版的《政府论》中提出，政府的目的是保护财产——“人们联合成为国家和置身于政府之下的重大的和主要的目的，是保护他们的财产；在这方面，自然状态有着许多缺陷”（洛克，1964），通过社会契约所建立的“公民社会的目的原是为了避免并补救自然状态的种种不合适的地方”（洛克，1964），而所谓“公民社会”建成之后，个人的一切自然权利，如自由、平等，特别是财产权利，都仍然最后保留。这种以自然状态为预设的政府理论，实际上就是要求政府保护个人自由和财产，其他什么都不要管。其他的自由主义者，诸如杰斐逊、孟德斯鸠等人，也都认为，国家的权力是有限的。

在经济上，英国的古典自由主义思想家亚当·斯密构筑了经济自由主义的理论体系。斯密反对重商主义理论，认为一国的真正财富不是金银的总量，而是其国民创造的商品、服务的数量，同时他也反对重商主义政策，认为政府对经济生活的监督、计划、垄断补助、津贴、关税及其他形式的贸易管制不仅不是推动经济增长的最佳方式，反而会阻碍经济增长。在这个基础上，斯密提出要增加国家财富就要给人们以经济活动的充分自由、废除一切特惠和限制。在他看来，一切特惠或限制的制度，一经完全废除，最明白最单纯的自然自由制度就会树立起来。每一个人，在他不违反正义的法律时，都应听其完全自由，让他采用自己的方法，追求自己的利益，以其劳动及资本和任何其他人或其他阶级相竞争。这样的自由竞争并不会因为缺乏政府的监督而陷入混乱，因为市场自身会规范经济生活，市场中“看不见的手”——追求自身利益最大化的个人理性——会引导着经济生活的调整。在这样的自由制度之下，政府的适当角色是尽可能远离经济生活，它只有三个应尽的义务：保护社会，使其不受侵犯；维护社会公正和社会秩序；建立公共制度，节约社会总交易成本。斯密的经济自由主义对政府与市场关系的理解是：经济生活应当尽量从政府干预中摆脱出来，管得最少的政府才是最好的政府。

虽然20世纪30年代的经济危机之后，古典自由主义思想失去了主导地位，但在面对20世纪70年代的发达资本主义国家普遍出现的“滞涨”现象和福利国家的弊端，自由主义再次兴起，反思凯恩斯主义以及其他的国家干预学说。其中，以哈耶克的新自由主义、弗里德曼的货币主义和卢卡斯的新古典宏观经济学为代表的新自由主义理论得到了迅速发展。政府干预经济、加大调控力度等做法遭到了自由主义者在理论上猛烈、全面的批判。哈耶克认为西方国家政策的“左转”，必将导致国家权力无限膨胀，侵害公民自由的神圣人权。自由主义者诺齐克则以权利这一概念为武器，猛烈抨击国家再分配政策对公民平等权利的侵犯。他主张一种没有超出保护职能之外的“最弱意义上的国家”（诺齐克，1989）。新古典宏观经济学派通过对菲利普斯曲线不能反映工资上涨与失业率关系的分析，对凯恩斯主义所主张的政府调节需求的根本性要求进行质疑，进而对政府政策的效力产生怀疑。而自由主义经济学家弗里德曼则指出，民主社会主义者认为经济自由和政治自由是可以分离的思想“是一种错觉”，“经济自由也是达到政治自由的一个不可缺少的手段”（弗里德曼，1986）。他以货币理论为基石，力主一种自由放任的市场经济模式，排斥国家对经济的一切干预。他否定将道德引入政府的必要，并且没有将大萧条或别的不利事件归咎于过度的市场，而是归因于政府机构的管理不善。他还宣称跨国联系不会是一种威胁，而是为所有参与者提供了机遇。这种使经济体更为紧密的联系并不是一个复杂的过程，因为需要做的无非是缩小政府的活动范围而已。

另一方面，公共选择理论以经济学方法论证政府干预行为的局限性或政府失败问题。它基于政治市场和经济市场有着相似性的假设，提出一切政治行为也是以个人的成本—收益计算为基础的，因而受到经济人本性指引的官员和政治家的官僚主义行为有着必然性。从这种人的基本行为假设出发，公共选择学派不仅批判了凯恩斯主义经济学，认为凯恩斯经济学导致政治家过度自由，并摧毁了对政治家正常欲望的有效约束，还进一步得出了它的基本理论，即资本主义经济的困境与其说在于市场制度的失败，不如说是政治制度的失败。现代民主制度本身的缺陷使得官僚主义特权阶层蔓延滋长，与此同时，存有缺陷的现代民主制度与凯恩斯主义的国家干预结合在一起，既加剧了既有的困境，又产生了新的问题，福利国家赖以生存的政治和经济的理论基础已然落伍。为了纠正政府失灵，公共选择理论提出两种主要的解决思路，一种是芝加哥学派的主张："重新创造市场"，包括设计偏好显示的新机制，以及对政府机构进行市场化改革；另一种思路是以布坎南为代表的弗吉尼亚学派的主张：进行宪法改革，对政府权力施加宪法约束，即在政治上"发明一种新的政治技术和新的表现民主的方式"（亨利·勒帕日，1985），在经济上不能盲目推崇凯恩斯主义。

国家干预的思想早就出现在15至17世纪欧洲重商主义的政策主张中。重商主义主张政府运用行政和法律手段来干预金银的流动或商品贸易，主张政府实行关税壁垒的贸易政策（王红玲，2003）。近代经济学的发展揭示了市场的缺陷，为政府干预经济提供了理论支持。庇古在1920年出版的《福利经济学》一书中提出，为了使社会福利最大化，政府应该采取措施调节资源的配置和收入分配，因为在这方面存在着"市场失灵"、"外部性"，使得私人成本和社会成本不一致，会导致仅凭市场调节社会福利达不到应有的水平。20世纪30年代以后，基于对经济危机的原因分析，人们开始反思市场机制的运行。凯恩斯于1936年出版《就业、利息和货币通论》，在他看来，有效需求不足是导致过剩危机的根本原因，而影响有效需求的主客观因素都可以通过政府行为加以改变，从而改变有效需求。例如，可以通过某种政策的贯彻，显示政府的信心，从而增强公众的信心和对经济增长的预期，最终增加消费和投资；可以通过调整财税政策来改变货币的流向和流量，进而影响消费和投资；可以通过操控利率来影响消费和投资，等等。但是所有这些措施的结果都是不确定的，因此凯恩斯希望"政府多负起直接投资之责"（凯恩斯，1963）。这种放弃放任自由主义、实行政府干预，特别是用宏观财政政策和货币政策来调控市场运行的理论在二战后大行其道，资本主义国家在认识到经济危机并非任何非国家力量所能解决之后，一反"守夜人"的传统形象而扮演了一个强大保护者的角色。20世纪90年代，随着信息经济学的发展，人们对市场认识进一步加深。斯蒂格利茨在其《政府为什么干预经济》一书中强调，由于信息不充分，不完全竞争和交易费用的存在，政府可以在经济发展中发挥重要作用（斯蒂格利茨，1998）。

政治学家对于国家干预主义的政府职能理论的研究并不晚于凯恩斯，早在19世纪晚期，以格林、霍布豪斯为代表的英国思想家就已经察觉到政府干预社会生活的必要性。他们指出，国家在涉及公共利益的地方进行干预，能够为每个公民的自由发展提供更多的社会条件和更有利的社会环境，这同个人的自由并不冲突。费边社会主义的思想家认为，要实现资产阶级自由、博爱和平等的根本价值，就必须在经济上给予人们以最低标准的保证；政府不但要承担起维持全面收入的职能，还要广泛介入到社会生活中，解决公民的教育、医疗等问题。到了20世纪70年代，美国著名哲学家约翰·罗尔斯发表了著作《正义论》，从政治哲学的高度对国家干预的理论进行了概括。他将国家的恰当角色陈述为两个正义的原则，并在此基础上论证了国家的福利职能，尤其是再分配职能的合理性。具体而言，第一个正义的原则，即每个人对与所有人拥有的充分恰当的、平等的基本自由体系相容的类似自由体系，都应有一种平等的权利（平等自由原则）；第二个正义的原则，即社会的和经济的不平等应这样安排，使它们：（1）在与正义的储存原则一致的情况下，适合于最少受惠者的最大利益（差别原则）；（2）依系于在机会公平平等的条件下职务和地位向所有人开放（机会的公正平等原则）。

1997年，世界银行年度报告——《变革世界中的政府》，对政府在经济中的职能做了一个全面深入的分析。该报告认为，“没有一个有效的政府，经济和社会的可持续增长都是不可能的”，有5项基础性任务处于政府使命的核心地位，如果这5项任务完不成，就不可能取得可持续的、共享的、减少贫困的发展：（1）建立法律基础；（2）保持非扭曲的政策环境，包括宏观经济的稳定；（3）投资于基本的社会服务与基础设施；（4）保护承受力差的阶层；（5）保护环境（世界银行，1997）。该报告还根据功能与能力相符的原则，提供了一个思考政府功能的框架，对政府职能做了新的概括。

2. 国家的主权观

16世纪法国政治思想家让·布丹（Jean Bodin）第一次系统地提出了

近代意义上的主权理论。布丹认为，国家区别于其他社会政治组织的根本标志，就在于它拥有至高无上的主权。国家的主权具有绝对性、永久性、不可让渡性、不可分割性和不受侵犯性。完整的近代意义的国家主权概念是在17世纪中叶以后随着威斯特伐利亚体系（Westphalian System）的产生而形成的。此后，国家主权具有双重属性，即对内享有至高无上的国内统治权，对外享有完全独立的自主权。

但是经济全球化的发展对国家主权形成了强烈的冲击，使得在全球化与国家主权的关系问题上，至少出现了以下几种有代表性的新国家主权观（俞可平，2004）。

“民族国家终结论”。鉴于经济全球化对民族国家的领土、主权和公民认同所构成的挑战，一些学者直接就把全球化的过程定义为“非民族国家化”的过程，认为全球化正在消除经济空间和政治空间的一致性，全球化市场和国家政治之间存有冲突。这种冲突的日益加深，使民族国家的统治失效，至少在西方世界倒退到民族国家的时代已经不再可能。民族国家的终结正在成为我们这个时代的特征（Kenichi Ohmae, 1990, 1993a, 1993b, 1994, 1998, 2001; Susan Strange, 1995, 1997）。

“国家主权弱化论”。许多学者指出，国家主权遭到了全球化的强烈冲击，国家主权已经被严重地削弱了，它不再具有先前的那种绝对性和至高无上性，但国家主权依然存在，远没有消失，也没有过时，在国内政治生活和国际事务中依然处于核心和基础的地位，民族国家正在经历一场深刻的变革，以努力适应这个相互联系得更加紧密，但是非常不确定的世界（戴维·赫尔德，2001；安东尼·吉登斯，2000； 乌尔里希·贝克、哈贝马斯，1998，2000；詹姆斯·罗西瑙，2001）。

“国家主权强化论”。与当代各种流行的全球化理论和国家理论截然不同，一些学者认为，“民族国家的终结”是一个彻头彻尾的神话，全球化不仅没有削弱民族国家的地位，没有使国家主权消失，没有改变国家主权的性质，甚至也没有使其弱化；相反，全球化本身就是国家推动的，国家主权的属性和功能在全球化时代得到了前所未有的增强（Paul Hirst, 2002; Tommy G.Thompson, 2002; Linda Weiss, 1997）。

“新帝国论”。这是西方左翼学者反对霸权主义的理论。新帝国论的主要代表人物是美国学者麦克尔·哈特和意大利学者安东尼奥·奈格里（Michael Hardt and Antonio Negri）。他们在影响广泛而争议颇多的《帝国》一书中指出，全球化使民族国家的主权不可逆转地衰落了，然而“民族-国家主权的衰落并不意味着字面意义上的‘主权’已经衰落。……主权已经拥有新的形式，它由一系列国家和超国家的机体构成，这些机体在统治的单一逻辑下整合。新的全球的主权形式就是我们所称的帝国”。这是一种全新的权力观，任何单个的民族国家都不再是这个新帝国的中心，即使是目前最为强大的美国，也不是这个帝国的中心（迈克尔·哈特、安东尼奥·奈格里，2003）。

3. 国家的未来

全球化进程中，人们普遍认识到国家举足轻重的作用：国家应一如既往地维持社会秩序和推动经济发展，并改善福利职能，同时还应适应全球化的需要，调整和强化部分职能，全面提高自身的管理能力。但人们对国家的作用范围以及未来国家的角色却有着不同的预期，在西方理论界，较有影响的“未来国家”理论有以下几种。

第一，虚体国家。

加利福尼亚大学国际关系中心主任理查德·罗斯克兰斯在《外交》杂志1996年7—8月号上发表的《虚体国家的兴起》一文提出，在全球化不断深化的进程中，虚体国家将替代以领土扩张为中心以及以贸易立国的传统国家模式，把战略重心投向技术、知识和直接投资。出现这种结果的一个主要原因是，根据投资回报率高低来选择生产地点的虚体公司的出现。之所以称之为“虚体”，是因为公司在母国的基地规模和人员越来越小，越来越多的功能向世界上生产率高的地区转移。新加坡、瑞士是虚体国家的典型。

罗斯克兰斯认为，虚体国家的出现会使国际间冲突减少，因为全球分工使国家间的相互依赖程度加深了，同时土地已经失去原有的价值，攫取不动产不会带来对知识的占有。国家的规模无论从地域角度还是功能意义上说都在缩小。但是虚体国家的出现也预示了国内民主政治的危机，因为国家独立保护本国居民的能力越来越弱。一方面，一些全球性问题会制约国家的能力，另一方面，国家的新职能会同其原有职能之间出现矛盾与冲突（Richard Rosecrance, 1996）。

第二，熊彼特式的工作福利国家（Workfare State）。

著名学者杰索普认为国家未来的发展趋势将是“凯恩斯式的福利国家”被“熊彼特式的工作福利国家”代替。凯恩斯式的福利国家的显著特征是在相对封闭的国民经济中，通过需求管理的方法来确保充分就业，以福利权利和集体消费的形式来贯彻大众消费的原则。尽管福利国家支持了战后长期的繁荣，但是却无法适应不断变化的新环境。新环境有以下四个特点：第一，作为经济增长和扩张的诱因和推动力的新型核心技术的大量出现。而国家在增进创新能力、技术竞争力，以及技术转移方面扮演着核心作用；第二，经济、金融的国际化使国家的原有职能无所适从；第三，以大规模生产、规模经济以及大众消费为基础的福特主义增长模式转向了以弹性生产创新、范围经济，以及快速变化、分化的消费模型为导向的增长模式；第四，全球宏观经济结构正在呈现出北美、欧洲、亚太三极鼎立的形势。在这些新形势下，国家的社会目标和经济目标就转向推进产品、生产过程、组织以及市场创新；主要靠干预需求来提高开放经济的结构竞争力；使社会政策服从于劳动力市场弹性和结构竞争力的要求（Bob Jessop, 1993）。

第三，积极的民族主义。

曾任美国劳工部长的罗伯特·赖克在《国家的作用》一书中提出，随着全球经济的发展，符号分析人员（指的是靠操作符号来解决、识别和作为经纪人来处理问题的人员）力量的增强，“此胜彼败”的民族主义和消极无为的世界主义都无法满足新形势的需要，诸如不平等、酸雨、臭氧层耗损等。在美国，以“零和博弈”为指导思想的民族主义，代表了常规生产人员和直接服务人员的观点，要求政府推进美国的经济利益，甚至不惜牺牲其他国家。以他们的观点，除非我们变得更加强硬，否则外国人就会继续扩大他们的市场份额，取得竞争优势，最终控制我们的命运；主张不干预主义的世界主义，通常代表符号分析人员的观点，认为政府应该少管闲事，让个人和企业自己负责，坚持生产要素跨边界的自由流动会带来全球福祉的普遍提高。

因此，赖克主张应该推行一种积极的经济民族主义。它有两个基本原则：一是经济发展的总目标是提高全世界人民的福利，而非以一国的牺牲来使他国受益；二是各国公民负有提高自己国民的能力使生活变得充实和丰富的责任。在这两个原则的基础上，要鼓励国内创新；教育和培训本国职工，以利于劳动力的转移；改进国家的基础设施；消除各种各样的贸易壁垒，以利于资本、货物、劳动力以及思想的流动；补贴能够带来更大的社会受益的活动；推动第三世界国家的发展。

第四，治理型国家。

该理论强调国家改善管理方法，发挥社会尤其是非政府组织和私人企业的作用。前世界银行首席经济学家斯蒂格利茨和欧洲复兴开发银行首席经济学家斯特恩指出，虽然经济转轨或者市场化改革一定会约束国家的勃勃雄心，但是这样做不一定会削弱国家的力量。反而要求国家的作用更加出色。国家的作用表现为确保新市场机制有效和公平合理地发挥作用。要实现这点，必须与私营部门和非政府组织建立其合作的伙伴关系。增强政府运作的透明度，建立有效的责任机制。他们强调，政府和私营部门的伙伴关系决不能与特殊利益集团和政府在牺牲公共利益的情况下进行的勾结混淆起来。虽然在市场经济中确定公私部门的行为标准是一个复杂的过程，但是至少需要建立一个简单的、透明的和合理的机关，制定相应的措施，同时必须发挥新闻界的作用。赫斯特等人提出，现在国际经济治理是通过五个层次进行的，而国家是治理的核心。这五个层次的治理包括：第一，通过主要民族国家进行，尤其是欧洲、日本和北美之间的协定；第二，通过有众多国家参加的国际管制机构，例如世界贸易组织等进行；第三，建立大型区域型经济和贸易集团；第四，通过国家层次上的政策，来协调企业与主要社会利益之间的关系；第五，通过区域层次的政策来为工业区提供集体性服务，增加国际竞争力。

第五，竞争性国家。

这种观点的主要代表人物是斯特兰奇和切尼。他们认为，在全球化进程中，更应强调国家对新形式的适应，而不是简单地得出国家衰落的结论。斯特兰奇认为，国家既没有退缩，也没有丧失其重要性，而是国家间的竞争本质发生了根本的变革。国家应该通过新方式把跨国纬度包括进来，所谓的竞争性国家正是在全球竞争的驱使下扩大自身的跨国化程度。切尼认为福利国家的危机导致了竞争性国家的出现。竞争性国家的一个基本特征是国家为了增加竞争力，努力使国家开支最小化，解除金融管制。国家在全球化中无法作为消解商品化的能动者，甚至自己成为市场主体。

竞争性国家在政策上有四个特点：第一，从宏观经济干预转向微观经济干预；第二，干预的重点从发展和维持一系列“战略”或“基本”的经济活动转向根据多变的国际市场灵活地调整竞争方式；第三，强调控制通货膨胀和一般意义上的新自由主义货币主义；第四，执政党和政府的工作中心从实现国内福利最大化转向提高公司部门的企业能力、创新和利润率实行法治（杨雪冬，2002）。

第六，能力国家。

这个观点最早由琳达·韦斯于1997年提出。在她看来，国家能力指的是国家的“变革能力”，这种能力不同于“汲取能力”，也不同于政策工具的使用能力，更不同于国家对开放程度的控制能力，而是国家协调国内关系，调整产业，适应外部环境变化的能力。因此，各国由于情况的不同，国家能力之间也有差别（Linda Weiss, 1997）。

韦斯提出，国家确实发生了变化，但是变化是现代国家的实质。而且这种变化会推动而不是阻碍世界经济的发展。她强调了三点：第一，国家的变化是国际适应力的提高而不是功能减弱；第二，强国家是全球化的推动力量，而不是牺牲品；第三，国家加强了国内和区域的贸易和投资网络，为企业的发展和市场壮大提供了“催化剂”（Linda Weiss, 1997）。

4. 政府改革

20世纪的最后25年，伴随着全球化、信息化、市场化以及知识经济时代的来临，西方各国进入了公共部门管理尤其是政府管理改革的时代。无论是英美、欧洲大陆国家，还是在地球另一边的澳大利亚、新西兰都相继掀起了政府改革的浪潮，在转轨国家、新兴工业国家和大部分发展中国家也出现了同样的改革趋势。尽管西方各国政府改革的起因、议程、战略、策略以及改革的范围、规模、力度有所不同，但都具有一个相同或相似的基本取向，这就是以采用商业管理的理论、方法及技术，引入市场竞争机制，提高公共管理水平及公共服务质量为特征的“管理主义”或“新公共管理”纲领。走向一种“新公共管理”的实践模式，成为当代西方政府改革的最基本趋势。

英国是新公共管理运动的发源地之一。1979年撒切尔夫人上台以后，英国保守党政府推行了西欧最激进的政府改革计划，开始这种以注重商业管理技术，引入竞争机制和顾客导向为特征的新公共管理改革。商业管理技术在英国公共部门的引入始于1979年，并以雷纳（Rayner）评审委员会的成立为标志。1987年著名的《下一步》（Next Steps）报告（全名是《改变政府管理：下一步行动方案》），提倡采用更多的商业管理手段来改善执行机构，提高公共服务的效率。“新公共管理”的顾客导向和改善服务的特征，特别明显地体现在1991年梅杰政府的“公民宪章”的白皮书上；而引入市场竞争机制这一特征则明显地体现在1979年以来英国公共公司以及公共机构的私有化浪潮之中，也反映在1992年梅杰政府的“为质量而竞争”的政策文件上（陈振明，2000）。

美国也是管理主义的摇篮。美国的“新公共管理”改革尽管不像英国那样，有明确的起点和目标，但也带有更明显的管理主义倾向。里根政府大规模削减政府机构和收缩公共服务范围，当时负责推行改革的格鲁斯（Grace）委员会的基本职责是将私人部门成功的管理方法（“最好的实践”）引入公共部门管理领域之中，以提高政府效率。1993年克林顿上台后，开始了大规模的政府改革——“重塑政府运动”（Reinventing Government Movement），其目标是创造一个少花钱多办事的政府。这场改革的一个纲领性文献是戈尔所领导的国家绩效评价委员会（NPR：National Performace Review）的报告《从过程到结果：创造一个少花钱多办事的政府》（简称“戈尔报告”）；其先导则是奥斯本和盖布勒的《改革政府》一书。

接着新西兰和澳大利亚政府都加入了这场运动。这些国家的成功将新公共管理的改革搬到了大多数OECD国家或类似于此种性质的国家的议程中（OECD, 1995）。但只有在之后这些改革的一般特征才被学者所总结，并归于新公共管理之下（Dunsire, 1995）。詹姆斯·W.费斯勒和唐纳德·F.凯特尔在《行政过程的政治》一书中认为，“新公共管理”改革具有三个典型特征：重建——来自私人部门对重建组织过程和组织结构的努力；不断改进——来自质量运动；精简——来自世界范围内缩小政府规模的举措。劳伦斯·R.琼斯（Lawrence R.Johnes）和弗雷德·汤普森（Fred Thompson）在《面向21世纪的公共管理体制改革》（1999）一书中讨论了新公共管理改革战略的“五R”（即公共部门管理改革的五个阶段或五个战略）：restructing（重构）、reengineering（重建）、reinventing（重塑）、realigning（重组）、rethinking（重思）。这些新公共管理的一般特征——被大多数学者所认同的没有争议的特征——和一些只被一部分学者所认同的带有争议的特征，列于表1.1中（Borins, 1994, 1995; Boston, Martin, Pallott, & Walsh, 1996; Gore, 1994; Hood, 1991; Stewart and Wlash, 1992）。这正表明“新公共管理”是一个多维度和非常宽泛的概念，对于它的内涵人们可以作出各种不同的界定，甚至有学者认为不存在统一的“新公共管理”模式，只有各种不同类型的“新公共管理”模式。英国学者E.费利耶（Ewan Felie）等人在《行动中的新公共管理》一书中提出了四种不同于传统的公共行政模式的新公共管理模式，包括效率驱动模式（The Efficiency Drive）、小型化与分权模式（Downsizing and Decentralization）、追求卓越模式（In Search of Excellence）和公共服务取向模式（Public Service Orientation）（陈振明，2000）。美国著名公共管理学者彼德斯在《政府未来的治理模式》中也提出了当代西方行政改革及公共管理实践中正在出现的以新公共管理定向的四种治理模式，即市场式政府、参与式政府、弹性式政府、解制式政府（盖伊·彼得斯，2001）。

表1.1 新公共管理的特征

不存争议的特征（被大多数学者所认同的）	存有争议的特征（被一部分学者所认同的）
减少预算	合法性，预算和限制开支
担保人	权限的合理化
对工作结果负责	政策分析和评估
绩效审计	改进的规章
私有化	行政结构的合理化和流线化
顾客导向	民主化和公民参与
分权	
战略计划和管理	
提供与生产的分离	
竞争	
绩效测量	
管理方式的改变	
转包	
自由管理（灵活性）	
账目清算的改进	
人事管理（激励）	
使用者主管	
政治与行政两分	
财政管理的改进	
更多的使用信息技术	

资料来源：Gernod Gruening: Origin and theoretical basis of New Public Management, International Public Management Journal 2001 (4): 1-25.

“新公共管理”实际上囊括了20世纪70年代英美国家形形色色的国家改革理论，包括“管理主义”“市场型公共行政”“企业家政府”等提法，但还只是一种对改革潮流的标签，其影响基本不出英联邦国家（蓝志勇，2003）。

二、国内研究现状

当前国内学术界对国家角色的研究主要集中在如下方面。

1. 全球化与中国国家主权

许多学者认为，当今出现的全球化对中国国家主权也带来了巨大的冲击和挑战。而作为一个发展中国家，中国要在参与全球化进程中，最大限度地维护国家主权，增进国家利益，并且在国际事务中发挥更大的作用，必须发展起一套应对国家主权挑战的战略策略。例如，根据我国的特点和国家利益，形成中国自己的全球化战略和全球治理战略；建立起中国特色的全球化理论和国家主权理论；增强综合国力，提高我国的国际竞争力；继续加大对外开放，主动参与国际合作，积极发挥我国在全球治理中的重要作用等等（俞可平，2004）。

2. 转轨经济中的中国国家角色

中国是发展中国家，也是处于市场化初期的国家，它正在经历两个转型，即从计划经济向市场经济的转变和从传统社会向现代社会的转变。在此过程中，中国政府还肩负着由于体制转型和特殊国情引致的职能，前者如政府部分地替代市场，即政府通过行政手段代替市场行使一部分资源配置的职能；培育市场，即政府通过政策措施培育市场主体，建立市场体系，实现国内市场和国际市场的接轨等。后者如控制人口增长、防治环境污染、缓解巨大的人口压力等。许多学者认为在转型时期我国政府需要发挥一些特殊职能，并不断地创新（唐兴霖，金太军，2000；肖梦，1993；钱颖一，1993；“经济全球化与政府作用”课题组，2001；许红兵，2003；陈东棋，王冬梅，2000；毛寿龙，1995；林毅夫，2001；沈荣华，1999）。

3. 中国国家权力配置的变迁

“国家权力”是相对于“社会权力”而言的一个概念。它的基本涵义为：主要由国家及其代表——政府掌握和行使，部分由社会组织和公民掌握和行使的社会公共领域的治理国家公共事务的影响力，也称“公共权力”简称“公权”。而所谓“国家权力配置”主要是指国家权力的时间与空间、质与量的体制安排或结构布局。有学者从政治学和法学的视角，分析国家权力配置的向度主要有四：一是国家权力体制建构的原则与方法；二是国家权力的组织体制形式；三是国家权力的领导体制形式；四是国家权力体制内部各分支权力之间的相互关系。而所有上述四个方面均可以在宪法和各类具体法律法规中体现出来，从而形成国家权力配置的法律结构和法治规范（施雪华，2004）。而是什么力量推动了中国国家权力配置的变迁，学术界一般认为中国的改革是分权式改革，但事实上，中国的改革从开始并没有分权的明确意识，改革的发生是下放权力，分权只是因放权而带来的后果。然而，放权必然伴随着分权，放权本身就是意味着权力内核将一部分权力分给其他人或组织。但是放权仍然具有其特殊意义，即权力内核因某种需要将自己手中的权力转移给下属的组织或人，在这一过程中，权力内核居于主导地位，因此从严格意义上说，中国的改革属于放权式改革，它与多元权力互动基础上且有明确制度预期的分权是不同的。正因如此，应该客观地看待改革前后中央和地方的差异性和对立性，且不能低估中央对地方的控制性（徐勇，2003）。

4. 中国国家–社会关系的变迁

学术界关于国家与社会关系的研究大致有两个背景。一是自20世纪90年代初发展起来的关于中国市民社会的研究。这一领域的许多研究者引入西方的市民社会概念及理论并以此解释中国问题，其间强烈地暗含了西方实现政治现代化的道路具有普遍有效性的预设，认为在中国建构一个独立于国家，并与国家相对立的市民社会，不仅是必要的，而且是可行的。二是几乎同时发展起来的关于中国社会结构变迁的研究，这方面的研究都在有意无意地探讨协调国家与社会关系的各种机制（郑杭生、洪大用，1997）。上述研究虽然从一开始就遭遇到中国本土经验的抵抗和跨文化语境障碍，以致于有学者直陈“社会–国家、市场–计划的二元论是资产阶级借助于市民社会的政治经济活动与封建国家争夺生存和发展权利的理论表述，在解释近代中国和当代中国的社会转变时，这种模式的解释力是十分有限的”（汪晖，2004），但对中国国家与社会关系的探讨实际上一直是国内政治学研究的重要领域，是一个崭新课题。特别是20世纪90年代以来，随着计划经济向市场经济的转型以及与之相伴的政治社会结构的变迁，学术界对1949年以后中国国家与社会关系进行了深入的研究，针对不同的历史时期，学者提出了不同的理论分析模式：改革开放前中国国家与社会关系是全能主义和总体性社会模式；改革开放以来是新权威主义、市民社会理论以及国家–社会的“分类控制”模式；未来中国国家与社会关系会是法团主义与“强国家–强社会”模式（朱春雷，2007）。

三、理论框架

对国家的研究已经取得了很多成果。总的来说以往的研究是在这三种分析框架下展开的。

1. 公民—回应模式

国家行为是对大多数人需求的回应。这一模式中最为关键的是公民与政治官员之间的关系，公民偏好的改变将会改变政治官员的行为，从长远看，政治官员行为的改变也会影响公共政策的输出，如图1.1。在这一模式中，国家的转型表现在四个方面：公民偏好、偏好传递给国家行为者的机制、国家行为者的行为以及输出的公共政策。

2. 资本主义国家模式

这是马克思主义者和新马克思主义者分析国家的路径。这一模式的中心问题是：为何在资本主义社会中的国家是资本主义国家？学者们对此持有的观点是国家的本质根植于占统治地位的经济社会制度中。这一模型中的主要变化在于社会的深层结构、国家组织和行为，以及潜在的经济社会体系。结构转型是国家转型的原因，而深层的结构包括生产力和生产关系两个方面，生产力和生产关系决定了一切上层建筑，包括国家。（见图1.2）

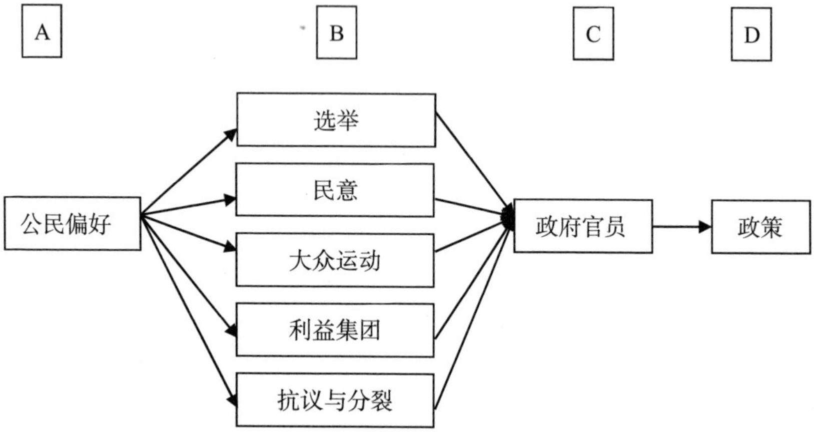

A 的变化通过 B 传递给 C，导致了 D 的变化。这种变化是逐渐增加的。

图1.1　公民—回应模式

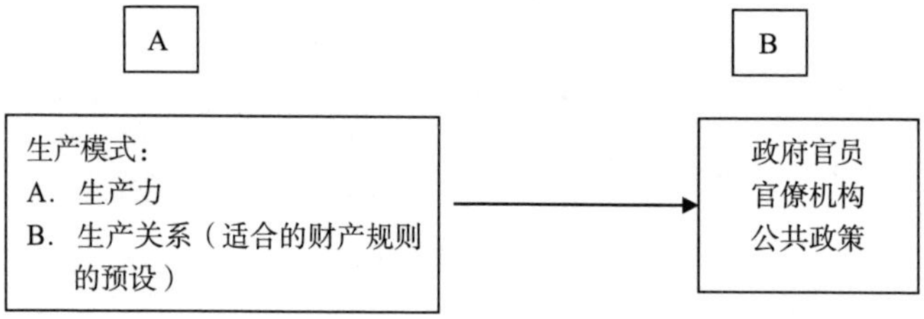

A 的变化由 B 的变化反映出来，B 的变化可以是由资产阶级或者由系统维护和再生产的要求或者阶级间的政治权力的平衡引起的。变化的形式表现为发展阶段或转型。

图1.2　资本主义国家模式

3. 国家中心模式

这一模式拒斥了公民—回应和资本主义国家模式，因为前两种模式均试图用外在于国家的社会因素来揭示国家的本质和行为，而“重新回到国家”理论的支持者认为国家是一个自主的实体，有其自身的利益和目标，且有能力来实现目标以满足社会群体的需求和利益（skocpol, 1985）。这一模式的研究路径如图1.3。

但是从目前学界的研究内容来看，关于国家的研究议题已显示出了变化，即民族国家在传统政治研究的核心地位开始受到质疑。事实上，国家

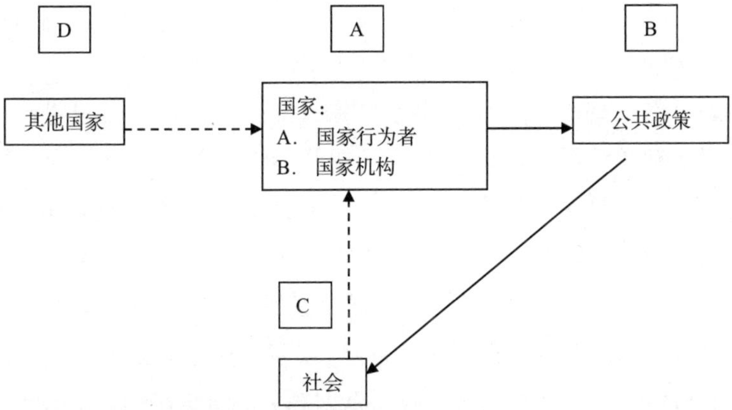

偏好、利益、国家行为者的权力以及国家能力的变化（A）会导致国家政策的变化。国家政策（B）的变化将重塑社会。国家（A）相对独立于社会（C）。A 的变化是国内因素、偶尔也是由其他国家的行为导致的。

图1.3　国家中心模式

状态的历史可变性，国际关系中国家所具有的相对实力和竞争力，民族国家在全球化时代所具有的未来，各种治理机构与国家形成的伙伴、协作关系，已经成为人们目前普遍关注的问题（鲍勃·杰索普，2002）。所有这些议题都不是抽象的理论说明，即不同于20世纪60年代中期由马克思主义所重新唤起的人们对于从理论上说明国家的兴趣，以及20世纪70年代后期的、以“使国家回到注意中心”为宗旨的、带有更多制度主义色彩的对西欧和北美资本主义国家形式和各种功能的总体性关注，而是更加具有经验意义，甚至关于国家的探讨都不是“国家中心”的。

虽然这些对国家和国家权力的实质性研究的突破，为我们结合新的现实背景对国家角色的研究做了重要的铺垫。但是，传统的研究模式在解释国家建设的问题上逐渐显得力不从心，在当前需要有一种新的解释框架来分析国家，特别是发展中国家在全球化进程中的进行制度建设和能力建设的过程。本研究正是基于此，选择了治理的分析框架，提出了治理的兴起对国家未来的挑战，并将问题进一步引向：治理与国家的关系是什么，国家在治理结构中应该扮演什么角色，如何辩证地理解治理与国家建构之间的关系，以及如何借鉴治理的理念来推进国家的制度建设和提高国家履行职能的能力。

目前学界对治理的研究主要集中在以下几个问题上：（1）组织治理。这是援引治理的“过程”思想，像研究公司治理、多边组织的治理等。公司治理关注的中心问题有：产权与治理的关系、董事会与CEO的关系、董事会的监管功能等，主要运用委托–代理理论分析公司的治理结构等①。多边组织，像国际货币基金组织、世界银行、世界贸易组织其内部的治理结构也成为关注的焦点。由于缺乏民主控制和市场约束，这类组织出现了内部治理失灵②。（2）治理与发展。这是从治理功能的角度讨论良好的治理与经济社会发展、政治发展和人类发展的关系，或者说良好的治理本身就是发展目标。世界银行、联合国开发署非常关注治理与发展的关系。像民主治理（Democratic governance）③、人道治理（humane governance）④等是其代表理论。（3）治理的质量评估。这些研究首先是把公共治理与组织治理进行区分。公共治理是为了影响公共政策的结果，利益相关者之间互动的方式⑤。质量评估主要是对治理进行定量化研究，通过相关指数的测量来判断治理的质量，是良好还是处于危机状态。这些数据有的是来自客观事实，有的是来自专家、企业家等主观判断以及遍布全球的各类研究机构、调查机构等。通过测量，为治理的比较研究确立一个框架，并丰富和完善良好治理或更好治理（better governance）的内容，

---

① 美国的《管理学术评论》在2003年刊发一期“公司治理”专题，讨论公司治理的最新理论进展，参见*Academy of Management Review*, 2003, Vol. 28. No. 3.

② 美国的《治理：政策、行政和制度国际杂志》在2003年刊发一期“多边组织治理研究”专题，讨论多边组织中的民主协商与组织治理。参见，*Governance: An International Journal of Policy*, Administration, and Institutions, Vol. 16, No. 1.

③ 联合国开发署在2002年发布的《人类发展报告》中认为民主治理是人类发展的目标之一。参见UNDP, *Human Development Report 2002: Deepening Democracy in a Fragmented World*, New York and Oxford, Oxford University Press, 2002.

④ 人道治理强调的是治理要为人类发展服务，参见RichardFalk, *On Humane Governance*, University Park, PA: The Pennsylvania State University, 1995.

⑤ 治理国际开始开展对公共治理质量的研究，参见Governance International (2003) URL:http:// www. gocint. org.

以及能够诊断治理是否出现危机[①]。（4）治理的方式。这是当前治理研究的一个热点问题。许多领域都在讨论这个问题。在欧盟研究中，开始关注多层治理（multi-level governance）、网络状治理（network governance）等问题。在国际关系领域，已开展对多边合作（multilateral cooperation）、全球治理（global governance）等问题的研究。在联邦制研究中，提出了复合辖区（multiple jurisdiction）、多中心治理（multi-centered governance）等概念。在地方政府研究领域，也出现了复合地方辖区（multiple local jurisdiction）、多中心治理（polycentri governance）等概念。在公共政策领域，学者提出政策网络（policy network）理论。在对城市（大都市）治理研究的过程中，学者们提出了公私伙伴关系模式（public-private partnership）、政府与非政府组织伙伴关系模式等。

这些治理的前沿问题可以区分“治理”的两种理论模式。一方面是狭义的治理模式，把重点集中在国家和组织身上，关注的是政治权力的使用方式和效果。而这种狭义用法主要在政治科学和行政学研究领域。另一方面，广义的治理模式则超出了政治领域，涉及的是政治权力与社会权力、经济权力的互动关系，所以在社会科学的诸多领域中都有应用。

从历史角度看，狭义的治理模式一直存在。如何有效地运用政治权力，实现政治权力的根本服务目标是不同国家形态必然面对的任务。广义的治理模式是一个现代现象，至少从系统性角度看是近代以来的产物。因为近代以来市场和公民社会逐渐发展起来，不仅成为相关领域的活动主体，而且扩大了这些领域的范围和影响力，对政治权力的全面控制能力提出了挑战和替代的可能。这也造成了公共目标实现途径和方法更加复杂多样。即便如此，广义的治理模式中也不能完全把国家或政府排除出去，它们依然在这个复杂系统中扮演着重要甚至关键的角色。因此，从这个意义上说，两种类型的治理模式在实践层面上是不能分开的。虽然这两种模式

---

① 世界银行专门成立了治理质量研究小组，并资助相应的研究项目。英国的《国际行政科学评论》杂志在2003年刊发了一期“公共治理质量评估”专题，从学术角度讨论公共治理质量评估的指数、模型和方法。参见:*International Review of Administrative Sciences*, Vol. 63, NO. 3.

都反映了“治理”背后的“社会中心论”价值取向和系统论方法，但二者在审视国家和政治权力时，采取的立场和侧重点还是有所区别的。指导狭义的治理模式的主要是“国家-社会”二分法，虽然也强调社会本身的自组织能力，但是社会是作为参照系存在的，侧重点在国家或政府身上。如何在保持社会政治秩序的基础上更有效地使用政治权力实现公共目标是该定义的基本目的。而指导广义的治理模式的是“国家-社会-市场”三分法，采取的是纯粹的“多元论”立场。国家只是整个复杂系统中的一元，私人企业、非赢利组织等与国家处于对等的地位。而通过这些主体的互动关系形成有效的网络来实现各种公共服务则是该定义的基本目的。因此，在某种程度上，狭义的“治理”模式还带着“国家主义”尾巴。

遗憾的是，现有研究似乎非常厌恶“国家主义”的尾巴，把“治理”放在国家“彻底中立”或者“完全不起作用”的背景下来讨论，对公民社会和市场的作用过度夸大。这种倾向在“华盛顿共识”的推动下，已经成为“治理”研究中的主流。不同社会的治理目标都被整齐划一为“西方”的标准。似乎只要按照西方治理成功的经验，就能取得同样的结果。正如莱福特维奇（Leftwich, 1993）批评的那样，“治理”和“善治”这些概念没有什么新鲜的，不过是现代化理论和西方自由主义的翻版。而从标准上看是韦伯式的。在实现过程中，善治还需要特别的政治来确定和维持。因此，决定各国经济发展绩效的是政治和国家，而不是治理和民主。

事实上，多国家的探讨并不会限制“治理”概念的有效应用，反而有助于认识“治理”在不同环境下采取的不同表现形式，尤其是其依靠的历史文化、社会传统以及制度基础。因为“治理既是政治文化的产物也是制度结构的结果”（Gills, Philip, 1996）。离开具体条件来谈论“治理”很容易陷入20世纪中叶“行为主义”的误区。用虚伪的科学标准来掩盖政治权力、社会权力以及经济权力使用中的不公平、社会冲突。在政治生活中走向另一种形式的“决定论”（市场的，公民社会的）和线性思维模式。并由于公共管理机构的任务，从服务整个社会转为向各利益部门以及顾客提供物品和服务，从而带来和加剧公民间和地区间不平等的危险。对于发展中国家和转型国家来说，清楚地认识国家在“治理”中的作用非常重要。

这样讲有两个主要原因：

一是有利于区别以西方国家为代表的先进“治理”社会之间的差别，避免学习上的盲从。“治理”概念的出现代表了过去20多年以来西方社会学家和政治学家研究的取向。他们并不着眼于国家的霸权式作用，关注的是现代统治体制所依靠的多种关系、多种网络（既有国家的也有非国家的，既有正式的也有非正式的），以及如何超越传统的认识定势，实现各方的协调。但是西方内部并不是整齐划一的，而是由不同社会组成的。由于具体情况的不同，对“治理”的诠释和实践也存在着差异。

二是有利于清醒地认识本国急需解决的问题和长期的目标。对于许多发展中国家以及转型国家来说，急需解决的问题是现代社会政治秩序，然后才是发展多元、健康的公民社会和市场。虽然二者之间没有必然的时序联系，但是可以肯定地说，现代民主法治是公民社会和市场健康发展，以及与国家形成有效互动的必要制度保障，也是防止它们被强势集团控制的制度约束。因此，不能像某些西方学者强调的那样，在这些社会中倡导“没有政府的治理”，而应该充分发挥国家作为公共权力代表的核心作用，在有效地培育公共社会和市场的同时，逐步建立起现代社会政治秩序。

对于绝大多数发展中社会来说，国家建构和民族建构都并不充分。在国家建构方面，一方面这些社会缺乏长期的国家管理社会经济的传统（像东亚国家那样），另一方面，殖民时代留下的政治机器本身无法与社会建立有效的和相互增强的合作机制，难以实现社会动员和社会经济管理。而在国家垄断暴力地位不确定的情况下，多民族的关系很难找到一个中间调节主体或者控制主体，因此民族之间的矛盾很容易激化，走向极端。虽然发展中国家实现独立以来，一直致力于国家建构和民族建构，但是由于受全球政治意识形态背景的影响，曾经有两种认识上的误区：一种是20世纪50年代模仿苏联模式，强调国家对社会经济的全面控制，与世界体系脱离。这方面的实践虽然在确立国家控制能力方面发挥了作用，但是削弱了社会的活力。另一种是从20世纪70年代受新自由主义误导，不强调国家的作用，只追求归权于市场；不强调国家和社会的内部完善，只推崇尽快地开放；不重视国内合理的管制体系建设。这直接导致了国家地位的弱化，国内秩序的失控。“治理”理论的出现虽然在一定程度上有纠正新自由主义这种偏颇的目的，但是在缺乏强大健康的公民社会和完善的市场的情况下，很难实现所谓的国家与后两者的有效互动，或者说这种互动是没有足够的主体依据的，因此加强国家建构，充分发挥国家管理社会经济的能力，对于发展中国家来说，也许更加迫切和至关重要。正如马恩（Mann, 1993）所说，众多发展中国家面临的是现代性危机而非后现代性危机。面对这种危机，虽然它们采取的对策不应当是重演西欧、北美以及日本的历史，但是一些根本性的历史任务必须完成，这样才能更好地发挥公民社会和市场的作用。

总之，对于发展中国家和转型国家来说，“治理”作为一种改革的思路具有重要的参考价值，尤其是对公民社会和市场作用的充分肯定，至少开阔了这些国家公众和管理者的思路，有利于正确对待发展中出现的新问题，并构建合理的公共权力行使框架。但是，在缺乏作为制度基础的现代社会政治秩序的情况下，如果过分地夸大“治理”的效用，则可能破坏正在进行的现代制度建设。因而本书将探讨治理与国家的关系，在治理的框架中讨论国家的角色，并以中国作为研究的落脚点指出发展中国家在国家转型的过程中既要借鉴治理的理念，也要加强国家的制度、能力建设。

第四节　本书框架

本书在内容上分为以下几个部分：

第一章　导论。本章首先分析了此项研究的背景并提出问题，对本书中涉及的基本概念进行界定。其次，对国内外相关文献进行综述，提出可能有的研究空间。最后围绕着研究问题，提出论文的研究框架和研究路径。

第二章　治理的兴起及其对国家的挑战。本章首先描述了治理兴起的背景，并分析了治理的内涵与特征。与“统治”相比较，治理的实质主要是：第一，治理意味着政府组织已经不是唯一的治理主体，治理承担者从政府扩展到政府以外的公共机构和私人机构；第二，治理中的权力运行方向从单向度的自上而下的统治，转向上下互动、彼此合作、相互协商的多元关系；第三，形成了从事公共事务的多中心的社会网络组织治理体系；第四，政府治理策略和工具发生转变。可以看出，治理的理论和实践已经并且将继续对现存的政治秩序和权力结构产生重大影响，任何事物都具有两重性，治理与现代国家的关系也不例外，虽然表面上我们更多地看到了治理对国家主权的削弱和侵蚀，以及关于国家在治理中所起的负面作用的抱怨，但只要经过深入分析，我们不难发现，治理与现代国家之间不仅仅存在异质性，也具有同质性，治理不仅对国家主权造成冲击，同样也可以拓展和加强国家主权，反过来，国家在治理中也不完全是被动适应的一方，同时也是影响治理机制形成和运作的重要力量。

第三章　全球化、治理风险与国家的新形态。本章将分为三个部分：第一，全球化背景下的治理风险。在全球化的背景下，治理的风险主要来自三个方面，包括全球资本的扩张、全球问题的普遍以及全球治理机制的不足。第二，全球化背景下的国家复兴。现时代，对国家的重新关注受到了“治理”理念的深刻影响，有关国家的讨论议题都显得不再是“国家中心”的，而是围绕着全球资本、全球公民社会、全球治理与国家的关系而展开。第三，治理与国家的关系。治理和国家之间存在着辩证关系，治理需要国家建构，国家建构是为了使国家更有效地承担起元治理角色，成为多中心治理体系中的中坚力量。

第四章　治理结构中的国家角色。本章首先阐释了国家角色转型的理论基础，包括“多中心治理”、“治理网络”以及“策略关系”。我们认为国家转型与治理体系的形成应该是一个共进的过程，国家在纵向的多层次治理结构和横向的多中心治理结构中都发挥着关键的作用。而国家角色的转型实质上就是国家-市场-社会关系的调整过程，也是全球-国家-地方的治理体系的形成过程。最后，我们认为对于发展中国家而言，治理的兴起不仅是国家角色的转型问题，更是现代国家建构的问题。

第五章　中国现代国家建构的历史考察与现实挑战。本章分为三个部分：第一，中国现代国家建构的历史过程。中国具有自己独特的国家历史和制度传统。但是近代以来的国家建构并非处于孤立的状态，而是在现代性的全球扩张中进行的。因此带有明显的全球性与本土性冲突又结合的痕迹。第二，全球化进程中的中国国家。中国加入世贸组织后，预示着中国将全面融入全球体系，经济的进一步开放、信息技术的普及以及国内经济社会结构的转型必将推动着中国国家建构进一步的发展。第三，超越发展型国家。随着全球化进程的进一步加深、经济社会发展大量新矛盾的涌现，中国以往的发展型模式需要得到新的反思。超越发展型国家，也成为中国经济社会继续向前发展的必然要求。

第六章　中国现代国家建构的实现路径。本章指出要以“民主”建设作为中国现代国家建构的目标模式，而就中国现代国家建构的内容而言，一是要超越发展主义的模式，完善国家的公共服务职能；二是要充分发挥市场配置资源的作用，调整国家与经济的关系；三是积极培育中国公民社会，重塑国家与社会的关系；四是推进政府改革，重构中国的官僚制体系。

结论。这一部分总结归纳了全文的主要观点和分析逻辑，指出治理的兴起既对传统的国家权威提出了挑战，也为国家的转型提供了出路。对于发展中国家而言，国家角色的转型更重要地体现在现代国家的建构上。中国探寻现代国家建构的实现路径将为发展中国家的转型提供有益的经验。

第二章　治理的兴起及其对国家的挑战

第一节　治理的兴起

在人类的政治文明发展进程中，特别是民主政治发展进程中，政府始终面临着向其管制范围内的公众证明其执掌政治权力的合法性的压力。在社会变革的历史转轨时期，这一点往往表现得尤为明显。任何一种新的政治理念与政治理论及其引导下的政治实践，无不是面临变革时期的合法性挑战而兴起的一套旨在重建政府合法性的理论说词与执政方式。

20 世纪中后期，世界各国政府的统治职能日趋弱化，而社会服务职能日显重要，由此导致公共权力的日益公共化以及社会对公共产品的需求的不断增加。民众的公共需求的不断增长与政府提供的公共产品的质量、数量及提供方式的矛盾日渐显现出来，社会问题层出不穷，民众怨声载道，但政府似乎已经对此无能为力，其合法性面临巨大挑战。针对公共权力在提供公共产品方面的无效与低效，治理、善治理论在国际社会及学术界开始受到重视。可以说，治理的兴起是对政府在提供公共产品与公共服务方面的低效的回应，它契合了公众对公共事务管理效能的诉求，其目的在于享受更多更好的公共产品。同时，传统的以官僚制为核心的政府行政管理方式对民众参与公共事务的事实上的排斥，亦有违于民众的民主化诉求，构成了对政府合法性的威胁。政府的合法性危机，是治理理论及其实践兴起的直接原因。

在综合西方学者的已有研究成果的基础上，我们认为是政府面临的严重财政危机、由政府转向市场的观念转变、全球化的冲击、政府失灵等使人们对政府的传统强势垄断地位产生了怀疑，对政府在现代化进程中的作用的认同感在下降，从而促成了治理的产生。

第一，政府的财政危机促成了治理的产生。20世纪80年代至90年代期间，西方政府的财政能力较以前大为减弱，税收资源亦有所减少，这一现状促进了治理的产生。自20世纪80年代以来，西方国家的政府预算赤字和债务迅速增长，经济增长速度减缓而且充满非确定性，一些国家甚至出现了经济负增长。与此同时，许多国家的政府债务产生的利息所导致的政府开支几乎与政府用于教育和国防方面的支出相当。尽管遭遇上述危机的大多是相对欠发达国家的政府，但是有不少相对富裕的国家的政府也遭遇到了同样的危机，其中最显著的例子莫过于20世纪90年代末身陷危机的日本政府。

对于政府的财政危机的根源，以下两点显得十分重要：一是政府公共支出的不断增长，二是日趋减少的政府税收。许多西方国家的公共服务项目的支出水平或多或少地与通货膨胀率挂钩。公共部门职员的工资支出也是如此，因此，是否取消这些项目就不仅仅是一个公众的政治选择的问题了，因为取消这些项目会遭到官僚体系的强烈反对。政府财政危机的第二个原因是国家税收资源在逐渐减少。到20世纪70年代，很多国家的税收达到一定水平后，便不再增加了。民众的政治抗议不断增加，逃税动机不断增强，经济增长令人失望，等等，都阻碍了政府税收的增加。20世纪50、60年代，很多西方国家的政府通过引入增值税充实了其税收系统。但类似策略并不能掩盖这样一种事实，即西方国家的税收水平总体而言正在接近极限，如果超出这一极限很可能会导致资本外流、逃税现象增加等负面效应。

对政府财政危机的管理非常典型地显示出了西方国家改变税收和公共支出结构的惯常做法的特点。通常这一做法的负面效应就是会减弱公众的政治支持，因为公众不愿减少公共费用的心理往往会不亚于其不愿进一步缴纳税款的意愿。从治理的角度看，人们倾向于认为政府不能从根本上改善经济状况。当税收及其他形式的政府收入必须通过强有力的政治手段加以控制的时候，采取何种财政支出方式就具有十分重要的意义。政府在这一过程中并不是消极无为的，政府发现财政支出变化较税收变化所引起的抵制要少一些，与某些特定的财政支出相关的税收是受公众欢迎的，但是政府仍会因增加税收而受到公众的质疑与抵制。

西方政府所面临的财政危机刺激了作为新的工具的治理的发展。从公共财政的角度来看，治理因为以下三个方面原因而成为一个极具吸引力的政治策略：第一，即使在十分严峻的预算限制下，政府也必须努力保持其既有服务水平。而通过在公共服务供给活动中引入私人行动者和组织化的利益团体，有助于保持其既有服务水平，可以缓解政府公共财政支出的压力。治理在政府面临预算限制时其受欢迎程度是不断增加的。第二个原因在于治理独特的大众参与性质。由于公共部门与私人部门之间的界限变得模糊不清，政府在处理公共事务过程中所遇到的问题，既是其公共管理的现实表现欠佳的后果，更是政府无法单独应付其所面临的种种任务和挑战的后果。公共服务的多元化与适度私人化既有利于缓解政府的预算压力，亦有利于促进大众对公共事务的参与。第三方面原因涉及政府在经济出现危机时公共服务供给的合法性。在政府日益等同于官僚政治的时代，引入私营管理的思想和公共服务的多样化供给已成为一种引人注目的策略。政府与社会合作而不是将其意志强加于社会，这一观念在20世纪90年代西方的市场化改革中得到了极好的体现。经济危机迫使政府较少地依赖自身的力量而更多地倾向于通过社会网络和其他形式的公-私合营来运作。由于不能提供维持公共服务的先前水平所需的经济资源，政府现在正努力扮演一种合作性的角色，努力将公共资源与私人资源加以整合，以减少公共预算的成本。危机对公共服务的总体架构也产生了深刻影响，即更多地强调消费者的选择与多样化需求。20世纪80年代以来西方公共服务的总体转变是朝向治理的方向演进发展，这一转变过程通常伴随着公共服务供给的重新架构与行政改革。

第二，由政府转向市场的观念转变促成了治理的产生。促使治理兴起的第二大因素是由政府转向市场的又一次观念转变，这种转变表现得最为突出的是英语语系国家。20世纪80年代强调拒绝政府干预的美国里根政府与英国撒切尔政府均力图向世人表明，政府不是社会问题的解决者，政府本身就是一个大的社会问题。撒切尔夫人和里根总统对于问题出在哪里以及该如何解决这些问题都有相当清晰的认识。里根总统认为，联邦官僚作风阻碍了美国经济的增长。撒切尔夫人与里根总统所见略同，认为过多的政治控制和市场调控阻碍了经济的繁荣。对他们而言，要达到解除对市场束缚的政治目标任重道远。撒切尔夫人和里根总统显然并不是向市场化转化的观念的首创者，他们不过是强调和延续了市场化运动。他们的政治使命是使政府在社会中的作用范围大大减少，其实在二战结束后，私营企业就已经提出了类似的要求。

由政府向个人主义和市场化的观念转变构成了对政府的重大挑战。以前人们普遍认为，政府是集体利益的代表，而且，政府作为社会转型的目标的界定者，是建立在社会集体行动的标准意象之上的。但是自20世纪80 年代开始人们的观念转变为反对政府的这种角色，认为政府不能解决问题，与此相反，政府本身就是存在问题的，人们对集体行动的支持因此正在减弱。要保持政府在社会中的有效作用，政府就应该对自己在社会中的角色予以重新定位：由“划桨”变为“掌舵”。“掌舵”这一概念一方面承认政府本身不是经济活力与经济增长的来源，另一方面，它也承认，政治机构是唯一能代表政治共同体确定集体目标并据此做出决策的行动者。

第三，全球化的冲击促成了治理的产生。政府主导一国社会、政治、经济的传统能力正受到全球化直接或间接的广泛而巨大的影响。有些影响是非常直接的、巨大的，如国家主权部分地转移到了国际组织，如联合国、欧盟（EU）、世界贸易组织（WTO）、北美自由贸易协定（NAFTA）等。有些影响尽管不太直接，但却是长期的、巨大的。本书无法在此对全球化的概念、本质、缘起、表现等予以详尽的探讨，只力图揭示全球化何以促成了治理的兴起。

全球化首先导致公共事务管理的部分权限由政府转向非政府。全球化打破了政府对公共事务管理的垄断，许多全球性的非政府行为体，如国际非政府组织、大型跨国公司、全球公民网络、跨国社会运动等以多种方式、途径参与公共事务的管理，同政府分享公共权力和政治权威。其次全球化导致公共权力由国家向社会的部分转移。自国家产生以来，代表并行使公共权力的政府相对于社会而言始终处于主导地位。但是全球化对国家在人类社会生活中的绝对主导地位提出了挑战。当公共事务的管理权从政府转向非政府时，就意味着公共权力从国家到社会的必然转移。全球化还导致公共事务的处理出现了某种程度的由强制性、等级性向平等性、协商性、自愿性转变的趋势。传统的政府管理体制是建立在强制性、等级性的政治理念之上的，而全球化则要求一种全新的权力关系和管理规则。在国际非政府组织之间不存在上下卑贱之分，因而体现出平等性；各行为体之间只能通过协商、谈判来处理问题，因而体现出协商性；各行为体之间地位的平等性及问题解决方式的协商性意味着非强迫性，因而体现出自愿性。

第四，政府失灵促成了治理的产生。美国学者皮埃尔和彼得斯认为，在二战后的整个历史时期，西方政府的表现并不能令人满意。保守主义者批评社会公共领域史无前例的扩张、税收的大幅提高以及通过公共政策对社会财富的重新分配。而多数自由主义者对政府的表现同样感到失望，因为他们也和保守党主义者一样不满政府规模的快速膨胀。许多西方国家的社会民主主义党人士对福利国家的发展和社会财富的重新分配都表示欢迎，但是，这些政党的很多核心政策目标如平等、公正、机会均等都没有同时真正得以实现。而且，左派批评家还对政府的官僚主义作风表示不满，认为政府并没有更加人性化地对待公民。越来越多的人开始怀疑政府达成其承诺的理想目标的能力（J. Pierre and B. Guy Peters, 2000）。而治理针对政府在上述诸多领域的失败，强调公私部门之间的功能互补和资源共享，以期在价值层面和功利层面同时满足公众的期望，可以说政府失灵促成了治理的兴起。

第二节　治理的涵义与特征

从20世纪80年代起，“治理”日益成为国际社会科学领域一个时髦、几乎无所不能的词汇，它不仅没有越使用越清晰，反而成了一个涵义广泛、无所不含的术语。其似是而非的各种用法导致了这样一个后果：越是认真地对待治理的概念，它就越显得空洞无物，它似乎与统治、管制、管理等与公共事务的处理相关的任何一个概念都可以划上等号，或者至少有某种意义的重合。

从词源学来说，英文中的“治理”一词，即governance，这个词来源于拉丁文和古希腊文，它的基本意思就是控制（control）、引导（guide）、操纵（manipulate）等意思。通常，这个词与“统治”（government）一词混用，主要用来表示国家更确切地说是政府的管理与政治活动。然而，自从20世纪90 年代以来，随着全球化进程的进一步展开，西方政治学和经济学家赋予governance 以新的涵义。不仅如此，这个概念不仅为政治学家所使用，而且也被广泛地运用于社会经济领域。由于人们基于不同的视角和立场来认识“治理”问题，所以出现了各种各样的定义。对于治理概念，诸多机构与学者进行了详细阐发，其主要的代表性观点如下。

（1）一些主要国际或地区组织的定义。

世界银行（The World Bank, 1997）的定义：治理是在管理一国经济和社会资源中行使权力的方式。治理的内容主要有：构建政治管理系统；为了推进发展而在管理一国经济和社会资源中运用权威的过程；政府制定、执行政策以及承担相应职能的能力。

联合国开发署（UNDP, 1997）的定义：治理是行使经济、政治和行政的权威来管理一国所有层次上的事务。它包括机制、过程和制度。公民及其各类组织在这个过程中表达利益、行使合法权利、承担其义务以及弥补他们之间的差异。

经济与合作组织（OECD, 1995）的定义：治理指一个社会在管理经济和社会发展中政治权威的运用和控制的行使。这个宽泛的定义涉及到公共权威在建立经济运行的环境、决定利益的分配以及确立统治者及被统治者关系上的作用。

渥太华治理研究所（Institute of Governance Ottawa, 2002）的定义：治理包含了一个社会的制度、过程以及惯例，它们决定了权力如何行使、影响社会的重要决策如何制定以及在这类决策过程中不同利益者的地位（朱德米，2004）。

全球治理委员会（Commission on Global Governance）在其1995 年发表的《我们的全球伙伴关系》的研究报告中指出，治理是各种公共的私人的个人和机构管理其共同事务的诸多方式的总和。它是使相互冲突的或不同的利益得以调和并且采取联合行动的持续的过程。它既包括有权迫使人们服从的正式制度和规则，也包括各种人们同意或以为符合其利益的非正式的制度安排。它有四个特点，即：第一，治理不是一整套规则，也不是一种活动，而是一个过程；第二，治理过程不是控制，而是协调；第三，治理既涉及公共部门，也涉及私人部门；第四，治理不是一种正式的制度，而是持续的互动（全球治理委员会，1995）。

（2）罗茨（R.A.W.Rhodes）认为，治理有以下七个方面的内涵（Rhodes, 1992）。

第一，作为公司治理的治理。意指用以指导、控制商业公司的方式，但它也被引入公共部门以期公共部门的治理效率，因为一个更加商业化的管理风格可以给公共部门带来一种不同的文化与氛围。有三个同时用于公共部门和商业公司的基本原则，分别是：第一，开放或信息公开；第二，坦率或直接地解决问题；第三，责任心或通过清楚地划分职权使个人对自己的行为负责。这一用法试图表明，私人商业部门的管理方式对公共部门有着重要的影响。

第二，作为新公共管理的治理。新公共管理最初有两个方面的涵义：公司管理和市场化。公共管理指将私人部门的绩效评估、结果管理等管理手段应用于公共部门。市场化指通过承包、准市场顾客选择等方式将激励机制引入公共服务供给。新公共管理与这里对于治理的“掌舵”是公共管理的核心，同时也是治理的同义语。例如，奥斯本通过区分“决策”（掌舵）和提供服务（划桨），指出官僚不适合划桨工作，因此应该用具有企业家精神的政府来代替官僚，他们将更强调竞争、市场、顾客导向与结果评估。公共部门的转型意味着“较少的统治”（或较少的划桨）。

第三，作为“善治”的治理。政府改革是一个世界性的趋势，而“善治”则是诸如世界银行之类的国际组织的新宠，成为世界银行向第三世界国家贷款政策的主导原则。莱福特维奇（Leftwich）区分了善治的三个层次，即系统意义的、政治意义的和行政管理意义的三个层次。系统意义上的治理指比政府管理更宽，包含了“内部与外部所有政治经济权力的分配”。政治层次的治理指一个从民主授权机制中获得合法性和权威的国家。公共行政层次的治理指一种高效、开放、负责的公共服务。为了提高效率，世界银行主张鼓励竞争、引入市场机制、国有企业私有化、裁减冗员、改革公务员制度、引入预算规则、公共行政非中心化、充分利用非政府组织，等等。一句话，对自由主义民主的倡导者而言，“善治”与新公共管理是紧密结合的。

第四，作为国际相互依赖的治理。这方面的文献的两大线索——空心化（hollowing out）与多极治理——均与公共行政研究直接相关。有关空洞化的论者认为国际相互依赖侵蚀了国家的权威。生产及金融交易的国际化、国际法、国际组织、国际霸权与权力集团削弱了民族国家的自主权。民族国家的权力发生了向国际层次组织的向上位移和向次国家组织的向下位移。

第五，作为社会-控制系统的治理。它强调通过中央机关进行管制所面临的限制与不足，声称不应有也不再有单一的主权权威了。治理是社会-政府管理形式相互作用的结果，所有的公共部门与私人部门都要承担干预的责任并为干预负责。这样，政府便失去了其单一权威。政府的任务是使社会-政府活动具有能动性，并鼓励形式多样的解决公共问题与分配公共服务的新安排的出现。

第六，作为新政治经济学的治理。这一理解重新审视政府经济管制以及公民社会、国家和市场经济之间的关系，因为它们之间的界限已经变得模糊不清了。

第七，作为网络的治理。网络是公共行政研究中分析治理概念的核心所在。这一方面的研究文献分为两大派别：权力依赖与理性选择。治理的网络方式强调声誉、信任、互惠及相互依存，是市场与等级制的替代品而非二者的简单混合，它拓展了公共部门、私人部门和志愿部门的边界。网络是不同部门相互作用的制度环境，网络是非正式制度，亦即，是非正式地组织起来的、长期的、用规则管制的相互联系。一致认可的规则产生信任、交流，减少不确定性，是非官僚制协作的基础。沙尔夫（Scharpf）用博弈论来分析与解释这种由规则来规制的相互作用关系（俞可平，2000）。

（3）格里·斯托克认为，治理包含以下五个互补的而不是相互竞争，更不是相互冲突的论点。

第一，治理指出自政府、但又不限于政府的一套社会公共机构和行动者；第二，治理理论明确指出在为社会和经济问题寻求解答的过程中存在着界线和责任方面的模糊之处；第三，治理理论明确肯定涉及集体行为的各个社会公共机构之间存在着权力依赖；第四，治理指行为者网络的自主主治；第五，治理理论认定，办好事情的能力并不在于政府的权力，不在于政府下命令或运用其权威。政府可以动用新的工具和技术来控制和指引；而政府的能力和责任均在于此（俞可平，2000）。

从以上的一些概念中可以看出，“治理”与“统治”从词面上看似乎差别并不大，但其实际涵义却有很大的不同。治理作为一种政治管理过程，也像政府统治一样需要权威和权力，最终目的也是为了维持正常的社会秩序，这是两者的共同之处。但两者至少有两个基本的区别：首先，治理虽然需要权威，但这个权威并非一定是政府机关；而统治的权威则必定是政府。统治的主体一定是社会的公共机构，而治理的主体既可以是公共机构，也可以是私人机构，还可以是公共机构和私人机构的合作。治理是政治国家与公民社会的合作、政府与非政府的合作、公共机构与私人机构的合作、强制与自愿的合作。所以，治理是一个比政府更宽泛的概念，从现代的公司到大学以及基层的社区。如果要高效而有序地运行，可以没有政府的统治，但是不能没有治理。其次，管理过程中权力运行的向度不一样。政府统治的权力运行方向总是自上而下的．它运用政府的政治权威，通过发号施令、制定政策和实施政策，对社会公共事务实行单一向度的管理。与此不同，治理则是一个上下互动的管理过程，它主要通过合作、协商、伙伴关系、确立认同和共同的目标等方式实施对公共事务的管理。治理的实质在于建立在市场原则、公共利益和认同之上的合作。它所拥有的管理机制主要不是依靠政府的权威，而是合作网络的权威。其权力向度是多元的、相互的，而不是单一的和自上而下的（俞可平，1999）。

因而我们可以概括出治理所包含的三个特点：第一，对社会管理力量多元化格局的关注，对社会组织群体势力的重视和关切。它以为，管理社会并不只有政府一个公共权力中心。除政府外，社会上还有一些志愿性的或属于第三部门的机构。如志愿组织、非政府机构、社区互助组织以及各种社会运动在负责维持秩序，参加政治、经济与社会事务的管理与调节。它们分别致力于种种社会和经济问题的解决，把传统上属于政府的一些责任和职能都接收过去。第二，治理理论在关注社会管理力量多元化的同时，对政府的角色给予重新定位。它并没有将政府从其概念中剥离出去。而是提出了具有重要意义的新政府理念。一方面，治理理论认为，政府在当代社会中与其他社会组织一样，发挥着重要功能，但政府不能成为全能政府，政府必须进行改革，成为“有效政府”；另一方面，治理理论还提出了“元治理”（meta-governance）概念，这也突出了政府的重要地位。元治理是西方学者为寻求解决治理理论失灵所用的词汇，但实际上，元治理不过是治理理论重视政府在社会公共管理网络中的重要功能的另一种表述而已，因为充当元治理的角色是政府，政府在社会管理网络中被视为“同辈中的长者”。它虽不具有最高绝对权威，却承担着建立指导社会组织行为者行动的共同准则和确立有利于稳定主要行为主体的大方向和行为准则的重任。第三，在明确了政府的角色后，治理理论对治理的网络管理体系作出了重要阐释。它认为，在社会公共管理领域内，政府与其他社会组织群体势力共同构成了相互依存的治理体系，这种管理体系一方面排除了主要依靠单一等级制自上而下进行协调的可能性，另一方面也不采取依靠“看不见的手”操纵。它的运作逻辑是以谈判为基础，强调行为者之间的对话与协作。通过行为者之间持续不断的对话，以产生和变换信息，从而减少机会主义的危害，有利于不同机构之间增进了解，加强沟通，降低冲突，增加相互合作，这就有利于消除相互依存却又独立运作、关系松懈的组织间的隔膜，突显出治理理论的民主特征（汪向阳、胡春阳，2000）。

第三节　治理对现代国家的挑战

毫无疑问，从治理的兴起及其与“统治”的区别可以看出，治理的理论和实践已经并且将继续对现存的政治秩序和权力结构产生重大影响，玛丽-克劳德·斯莫茨认为，有关治理的研究都集中体现为一张诊断书：政府软弱无力，中央权威难以强制推行公共政策、实施计划。总起来说，这形成了对传统权力形式的挑战。而且，治理观念的魅力在于：它不仅引导人们关注传统体制、民主形式、权力及其工具，而且引发人们对使政治行动成为可能的新的社会合作机制的兴趣（玛丽-克劳德·斯莫茨，1999）。实际上，治理对当代政治的一个重要影响就是削弱了传统的主权。

1648年由欧洲主要主权国家签订的《威斯特伐利亚和约》从法律上确认了国家的主权身份和在国际关系中独立进行对外交往的平等权，从而奠定了现代国际体系的基础。国家对内享有至高无上的统治权（立法、行政、司法），对外则享有自治和独立权。无论内外，主权都是绝对排他的，只能由国家来行使，而不允许国内外任何其他组织和个人来分享，这是传统主权的基本特点。虽然早在治理的兴起之前，各种国际组织、国际法、国际规制的建立和运转，已经表明现实中并不存在绝对的主权，主权总是会受到某种程度制约和削弱。不过，治理的不同之处在于，它是理论结合实践，从内外两个方面，更大范围、更加彻底的削弱传统主权。

传统主权之所以为国家独享，是因为代议制民主（间接民主）和官僚制这样的政治理念和制度设计，从根本上排除了公民和其他团体行使主权的可能性。而治理正是通过强调公民社会的自主性，扬弃代议制民主，摒弃和超越官僚制，来实现国家主权的对内分享。

古典的政治学理论认为，直接民主虽然公民参与的程度更高，但只适用于“小国寡民”。在地域广阔，人口众多的国家实行直接民主由于组织困难，成本高昂而不可行。当民主面对无法绕过的规模因素的时候，只有代议制民主即间接民主才是现实的可接受的方案。今天的人们或许已经无法体会当年密尔父子等人对代议制政府的兴奋和激动。在那个时代的人看来，代议制是“现时代的重大发现”“理想上最好的政府形式”，因为它的产生，使得民主从城邦市镇扩展到更大规模的共同体成为可能。但在代议制民主建立几百年后的今天，面对日益复杂、动态、多元的当代社会，它的一些弊端如效率低下、反应迟钝、成本高昂等，越来越暴露，越来越令人无法忍受。另一方面，如果选民除了通过定期的选举投票来控制代表之外，大多数时间都无法有效参与的话，这其实离人们常说的精英主义、技术统治只有一步之遥了，而不是什么真正意义上的民主。

治理的兴起，是对传统代议制民主的一种矫正，即在现有的代议制民主的框架内增加直接民主的含量（Frissen, 1999）。治理理论主张政府并不是国家唯一的权力中心；各种公共的和私人的机构只要其行使的权力得到了公众的认可，就都可能成为在各个不同层面上的权力中心，并且可以与政府在特定的领域中进行合作，分担政府的行政管理责任。这其实就是在吁求更大程度上的自治权，进一步提高市民社会相对国家的自主性，某种程度上体现了古典民主理想和自治精神的复归，就像19世纪初期托克维尔在北美大陆旅行考察时对地方分权和乡镇自治的赞美：“在那里，社会是由自己管理，并为自己而管理。所有的权力都归社会所有。”（托克维尔，1988）

治理对官僚制也加以了质疑，在绝对主权为基础的国家大厦中，依靠专家的技术信息优势来实施集中管理的官僚制充当保障整个国家正常运作的支柱。官僚制的基本特征是专业化、权力等级、规章制度和非人格化，韦伯总结为分工合作基础上的技术优势，即准确性、迅捷性、明确性、连续性、严肃性、统一性、对文书的精通、严密的服从关系、减少摩擦，节约费用（韦伯，1997）。运作正常的官僚制就像一台精密的机器一样充满了理性。但是，网络化、自组织的治理机制与等级化、命令式的官僚制是格格不入的，在治理机制中，政府、私人和志愿部门等主体构成了相互依存的一个网络，对公共事务的管理是一个上下互动的过程，它主要通过合作、协商、伙伴关系、确立认同和共同目标等方式，而非单向的发号施令。

关于治理机制中主权如何被分享，我们不妨了解一下美国纽约城市规划和建设管理中的城市土地利用审批程序（ULURP）。一个完整的ULURP程序，是由包括社区、区行政长官、顾问在内的各界人士就城市规划委员会、市政委和市长等提出的一系列规划草案进行表决的过程。为了这些庞大的规划需求，参与纽约大都市区规划的人员包括来自5个区（实际上是相对独立的自治市）、59个不同的当地社区委员会、13个城市规划委员会、政府有关部门，加上近千名城市、州、联邦机构的工作人员和城市各非盈利团体在内的各界人士，总计1700人。每一个项目都要举行多次听证会、会晤和商谈，经过三番五次的变化和修改才通过ULURP审查，通过这个ULURP程式，在有着各种传统和法律、居民的多重需要、庞大的规划项目等复杂背景的都市里，社会各界和公众可以对公共事务的规划和建设行使自己的发言权，由此我们也可以看出，社区和民众才是规划管制的真正动力（黄王丽，2002）。

同时，治理机制也可以在除城市之外的地区发挥作用。埃莉诺·奥斯特罗姆在研究公共池塘资源的管理和使用之时，探讨了除公地悲剧、囚徒困境博弈和集体行动逻辑三种模式之外的治理规则和制度安排的可能性，她的研究发现，一些公共池塘资源的占有者已经设计、应用并监督实施了一套自己的规则来控制公共池塘资源的使用，而且这些规则和制度已经存续了一百多年甚至上千年，这些案例包括瑞士和日本的山地牧场及森林这些公共池塘资源，以及西班牙和菲律宾群岛的灌溉系统（埃莉诺·奥斯特罗姆，2000）。这些规则和制度的共同特点在于它们都是自我组织、自主治理的，正式的、强制性的公共权力并没有参与进来，是一种“没有政府的治理”状况。

由此，我们可以明白，为什么治理兴起之后，传统上由国家或者政府垄断的对内主权部分，就逐渐被分散和分享了。因为治理没有停留于对国家权力进行法治层面制衡的古典自由主义立场，而是明确提出了多中心治理观点，这就使得一直由行政官僚负责的具体公共事务这部分自留地，也不得不向个人和其他组织开放，通过协商合作的方式来共同管理，从而分享国家对内主权中的行政管理权部分，同时也实现了“主权在民”由观念到现实的转变。

与主权的对内分享相比，国家主权所面临的外部挑战更加多种多样，主权的限制、削弱、让渡、侵蚀，这在全球化时代几乎是每天都发生的事情，人们对此早已司空见惯，一些激进的全球主义者甚至开始宣称“主权的消亡”和“民族国家的终结”。毫无疑问，全球治理作为全球化大浪潮的一部分，同样冲击着传统的国家主权。如前文所述，全球治理的特点在于，它是一个多主体多层次的复杂体系，其中几个最基本的治理单元有国际组织（联合国、世界银行、世界贸易组织、国际货币基金组织等）、超国家组织（欧盟等）、民族国家、跨国公司和非政府组织或者说全球公民社会组织。对于活跃在全球大舞台上的繁多主体，有学者形象的将之描述为由BIS（国际清算银行）、EU（欧盟）、IMF（国际货币基金组织）、NATO（北大西洋公约组织）、OECD（经济合作与发展组织）、WTO（世界贸易组织）等组成的“字母形花片汤”，这些组织虽然不是完全自治，不能完全脱离国家，但都有很大的首创性和逃避政府监控的倾向（Jan Aart Scholte, 2002）。至于民族国家，在全球治理的视野中，只是由众多主体构成的治理网络中的一个部分，某些情形下甚至不是最重要的部分。事实也表明，国家独自发号施令的空间日益缩小，更多的是需要和其他主体谈判协商，而全球治理机制中的其他主体则要求民族国家将主权进行不同方面，不同程度，或明或暗的让渡。

首先，全球化和全球治理中出现了跨国公司和国际经济组织等“明星演员”。随着全球化进程的不断深入，跨国公司通过不断增长的规模经济、联合兼并、长期的市场竞争、大规模的介入媒体和大众文化，已经获得了前所未有的巨大权力。今天，跨国公司差不多完全控制着资源分配、投资决策、商业以及世界贸易，它们没有特定的地域或者国家忠诚意识，正如乌·贝克所描述的那样，是一种“跨国的逃避力量”，跨国公司“能利用各民族国家或各个生产基地彼此相争而使自己从中渔利，并以这种方式为争取尽量少纳税和享受最好的基础设施而讨价还价；如果它们觉得民族国家过于‘昂贵’或者‘敌视投资’，它们还能对民族国家进行惩罚。此外，它们还能在人造的并受到控制的全球生产的‘丛林’中，自主地在投资地、生产地、纳税地和居住地之间进行区分，并利用它们之间的竞争从中渔利。应该强调的是，这一切都是在不用向议会报告和咨询，没有经过政府决定，没有修改法律，甚至不必对此进行公开讨论的情况下进行的”（乌·贝克，哈贝马斯，2001）。可见，在跨国公司面前，国家在经济决策、宏观调控、发展规划等经济主权方面的绝对权力受到了极大的限制。

同时，经济全球化进程中，国际贸易和投资的规模越来越大，对各国经济发展的作用也越来越重要。为保证国际贸易和投资的正常进行，需要有相应的国际规则以及执行这些规则的国际机构。这些全球性的规则及机构在一定意义上使国家经济主权受到冲击。例如，WTO规则要求所有加入WTO的成员国都必须制定与WTO相衔接的经济运行规则。当成员国国内的经济规则与国际市场的统一运行规则发生冲突时，民族国家内部的经济规则必须做出相应的修改。

可见，全球治理的实施，强化了国际规则以及执行这些规则的国际经济组织的作用。各国在制定经济发展战略和政策时，要受到有关国际规则及其国际经济组织的限制和约束，即要把传统意义上的国家主权部分地让渡给有关国际经济组织。以欧盟这样的超国家组织为例，可以观察到全球治理中的后起之秀，其穿透传统主权体系的深度。众所周知，欧盟是一个非常特殊的政治实体，与一般意义上的国际组织已经有了质的区别，在合作强度上，欧盟比一般国际组织成员国要更加紧密得多，对成员国的义务也更加强调，成员国一般不能任意退出。欧盟既不是联邦制也不是邦联制，是一种既超越了民族国家又没有替代民族国家的政治体制。欧盟具有某些主权国家才能拥有的最高权力，虽然并不存在一个代表国家行使主权的政府，但欧盟所制订的政策和决定对每一个成员国国内的公民都具有约束力，这种状况可以说是一种更大范围上的“没有政府的治理”。具体而言，经过50年的欧洲一体化进程，现今的欧盟已经拥有了相当多的从成员国让渡而来的各方面的主权：对外关税税率的制订、对外贸易政策的制订与执行、与第三方国家贸易协定的签订等方面的权力，已由《罗马条约》明确转移给了欧共体机构；欧洲统一大市场的形成，商品、资本、技术、劳动力、人员实现了自由流动，海关职能完全公共化；1999年1月1日欧元启动后，欧元区成员国已不再拥有独立的货币政策，而由欧盟的中央银行来制订和实施整个欧元区的统一货币政策，经过短时间的过渡，到2002年7月1日，欧元区成员国使用了数百年之久的、作为国家重要经济象征的本国货币也已经被“欧元”取代而不复存在。欧盟的立法可以在理事会内以特定多数议决，即绝大多数欧盟立法已在原则上排斥了成员国的否决权；欧盟的立法具有优先于成员国国内立法的地位，即成员国国内法（包括其宪法）凡与欧盟法抵触或违背的必须以后者为准；而且部分欧盟立法可不经成员国国内立法的转换，在各成员国内立即生效和直接适用：任何成员国的公民或法人都可以根据欧盟条约或其他立法的有关规定，向本国法院或欧盟法院起诉本国或他国的政府、机构或企业的违法行为，而且欧盟法院的裁决可在成员国内强制执行。在共同外交与安全政策的框架内，某些“共同行动”也可以由理事会以特定多数议决。另外，欧盟还拥有国家主权的象征和核心部分——缔约权，目前以欧盟作为缔约方参与签署的公约或协议已达50多个。可见，在区域治理的制度安排下，欧盟成员国是大范围、深层次的让渡了货币、立法、外交、防务等传统上被视为不可分割、不容侵犯的核心主权内容。虽然像欧盟这样的超国家组织目前仅此一家，但其对国家主权的影响方式将可能为今后其他超国家组织所借鉴。

最后，我们来看看新近崛起的全球公民社会及非政府组织。公民社会和非政府组织其实并不是晚近才使用的词汇，只不过随着治理的兴起，它们的作用被重新发现并赋予厚望。就像迈克尔·爱德华兹所说的那样，“10年前，权力走廊上很少有人谈到公民社会，但现在人们却对伙伴关系、参与以及公民团体在促进可持续发展中的作用津津乐道”。莱斯特·萨拉蒙认为，20世纪下半叶蓬勃发展的非政府组织具有重大意义，意味着我们正置身于一场全球性的“结社革命”之中，历史将证明，这场革命对20世纪后期世界的重要性丝毫不亚于民族国家的兴起对于19世纪后期世界的重要性（莱斯特·萨拉蒙，2002）。

非政府组织虽然所拥有的权力和资源都不如政府组织和跨国公司，但用治理的眼光来看，非政府组织在国际政治和全球治理中同样扮演着重要角色。非政府组织可以推动治理结构和体系的形成，促进合作管理和治理方式的变革，参与制定国内国际治理规则，提供公共物品和公共服务，评价国别治理和全球治理绩效等。在非政府组织参与治理的过程中，绝对的国家主权也受到不同程度的限制。例如，“绿色和平组织”“南极南海联盟”致力于保护海洋和南极，共同向国际社会施加影响。在“伦敦废物处置会议”上，“绿色和平组织”还成功地说服各国停止向北海和大西洋东北水域倾倒工业废物。这是“绿色和平组织”单独提出的政策建议。在南极问题上，“绿色和平组织”和“南极南海联盟”还使“管理南极矿物质资源活动会议”最终失败，该会议试图对该大陆的矿物质开采加以管理；它们还在1991年的“环境保护协议”中提出至少在50年之内禁止在该大陆进行矿物质开采，并就保护该大陆成为世界公园制定了一个框架草案，这一提议赢得了普遍支持（保罗·韦普纳，2003）。

事实上，在国际活动中，非政府组织具有合法地位，许多非政府组织还享有联合国经济社会理事会的顾问地位。自1992年里约“地球首脑会议”开始，联合国的每次聚会都有非政府组织论坛相伴，非政府组织在联合国召开国际会议的同一时间、同一地点、举行同样议题的非政府组织国际论坛，邀请国际组织、政府代表和个人与会，并发表自己对有关议题的宣言。许多非政府组织实际上已成为全球化时代的“压力集团”和“舆论先锋”，经常给相关国家的政府自主处理国内国际事务施加很大压力，从而间接影响一个国家的内外政策。很多学者也已经观察到了国家主权所面临的来自各个方面的挑战。英国国际政治经济学权威学者苏珊·斯特兰奇如此谈论民族国家及其主权的被侵蚀、被削弱和被局部替换：“国家正变得在经济和社会中同其他实体（政府间组织、非政府组织、跨国公司等）分享权威……在国家内部，中央政府的权威正越来越由地方和地区的权威所分占……国家权威已经泄漏——向上面、向旁边和向下面泄漏”；尽管总的来说国家仍是全球体系中最有势力、最为关键的权威来源，“但它们正在愈益变为内囊空虚或漏洞百出的”（时殷弘，2001）。阿兰·伯努瓦更是认为，“国家再也无法担当协调社会的历史角色。政治家因此而变得无权，国家也改变了角色。现在，国家作为社会调解人，它只能力所能及地管理疆界内的事务。国家的地位已降为旁观者，就像一名‘法庭书记员，他只记录在其他地方所做出的决定，而无权作任何决定’，这样的变化是革命性的，因为它削弱了现代政治的基础之一——国家主权”（阿兰·伯努瓦，1998）。

另外，对主权价值方面的质疑也早已经存在。早在第一次世界大战之后，法国公法学者狄骥就认为，主权国家是战争的根源，一战的爆发就是由主权国家观念引起的。他主张用“协作国家的观念”代替“主权国家的观念”，想用消除主权的方式来消除帝国主义国家之间的战争。另外，英国的国际法学家詹克斯、历史学家阿诺德·汤因比、政治家前英国首相克莱门特·艾德礼等几乎一致认为，造成国际社会无政府状态和国际法无法发挥作用的根源在于“危险的、陈腐的、荒谬绝伦的、具有破坏力的政治教条——国家主权”，因此，国家主权概念应该抛弃或代之以新的字眼（余敏友，2000）。在全球化时代，这种质疑显得更加广泛，如美国国际公法资深教授路易斯·汉金认为，在冷战结束与全球化背景下，主权已是不合时宜的东西，“主权是个有害的字眼，这不仅是因为它效劳于各种可怕的国家神话，而且在各种国际关系中，甚至在国际公法中，其往往成为一种时髦用语，取代了深思熟虑和谨慎行事”。因此，他强调，“对于国际关系来说，特别是对于国际公法来说，主权一词在很大程度上是没有必要的，最好避免使用”。他甚至鼓吹到“我们该把‘主权’一词作为旧时代的残余遗物摆放到历史的陈列架上去”（陈安，2001）。

第四节　国家中心主义的式微

当代政治生活显示出的时间加速特点使国家与社会的关系发生了转变。由此，国家组织和政治就发生了新变化：第一个趋势是国家的去国家化。民族国家机构正逐渐空洞化，其权力正不断地被超国家制度剥夺，或转移给地区或地方层次以及一些正在出现的权力网络，国家能力在超国家的、国家的、次国家的以及跨地方的层次上进行重建。第二个趋势是政治制度的去官方化。如果说去国家化涉及到民族国家活动领土的分散，那么去官方化则包含公共-私人划分的重新绘制、任务的重新分配、组织和任务之间关系的重新连接。第三个趋势是政策规制的国际化。国家内部行动的国际背景已经扩展到包括超地域的或跨国的因素和过程，对于国内政策来说，它们在策略上正变得越来越重要。在熊彼德主义竞争国家中，民族国家自主性的丧失使得超国家合作、协调和次国家空间的复活成为必要，民族国家的传统地位不断受到挑战。但是它同时为民族国家自身去调解不断增多的重要的超国家和次国家行动拓展了空间，与政策规制国际化相应的是民族国家试图为塑造国际政策规制而斗争（Jessop, 2002）。也正因此，杰索普提醒我们，由此裁定民族国家正失去作用似乎过于匆忙，国家的重新调整既不是民族国家的逐渐衰弱，也不是基于更多市场、更少国家的简单移植，事实上只是凯恩斯主义福利民族国家遭到侵蚀。相反，随着凯恩斯主义福利民族国家边界的后退，民族国家其他方面的边界正在推进，其他的政治形式正变得越来越重要，民族国家不是正在消亡，而是正在被重新想象、重新设计、重新调整以回应挑战。

在这样的背景下治理理论的兴起显然不再是“国家中心主义”的，它对国家的讨论也不再局限于国家与市场的关系，而总是围绕着国家与社会的关系等问题展开。如果将20世纪60、70年代对国家的讨论可以看作是对国家干预主义取得成功的一种回应，那么在治理兴起的背景下对国家的讨论则是一种“社会性的复兴”与对民族国家的物质基础被摧毁、主权受到挑战的反思。

阿尔布劳认为，“全球化重新把社会性的事物回置到政治家们关注的中心”（马丁·阿尔布劳，2001），经验意义上的全球化已使社会性的成分得到了复兴。民族国家不能再把社会性局限在它自己的疆界之内，是“全球时代”一个不争的事实。“种种跨国联系的明显增长，各方面人际关系模式的多样化，以及社会组织形式的多元化，都证明了社会性的事物所具有的自发本性，并且表明民族国家只不过是另一种受时间限制的形式而已”（马丁·阿尔布劳，2001）。

据此来看，现在关于国家的探讨也都不是“国家中心”的，这引导人们对以往流行的解释国家行为的两种理论——社会中心（society-centered）理论与国家中心（state-centered）理论——作进一步的反思。

根据社会中心的方法，国家和领导人是反应性的。社会输入到国家，政策选择是一个不独立的变量，来自社会的需求创造了政策的供给。社会中心的力量包括来自（无论马克思主义、新马克思主义还是依附理论所谓的）阶级，来自（多元主义理论和公共选择理论所谓的）利益集团，来自政党和选民。[①]另一方面，国家中心的方法则把国家视为具有自身目标的主体。国家是自主的，政策精英是积极的参与者。国家中心的力量包括通过技术专家治国的方法扩大民族福利的“慈善”政府、官僚政治以及代表国家利益的决策者。这种方法由赛达·斯科波尔（Theda Skocpol）等人重新发现，强调国家的自主性。在他们看来，国家既不是整个社会和各种利益集团斗争“平台”的消极代理机构，如自由多元主义理论，也不是“统治阶级的执行委员会”，如传统马克思主义，相反，国家是一个动态的独立力量（Peter B. Evans, 1985; Andrew Vincent, 1987）。

社会中心与国家中心两种方法所表明的是国家与社会的观念分离。然而，它也引发了许多相互关联的问题（Kjeld Eric Brodsgaard and Susan Young, 2000）。国家在或大或小程度上自主于社会并拥有特殊利益，由此它能够制定和执行政策。但这是如何发生的？运用哪种机制来执行政策？政策在什么基础上并由什么人制定？一个如此独立于社会、如此自主的国家，如何获得充分的信息，并且让社会认可其政策？

这些反思引导琼·米格代尔（Joel Migdal）等学者提出了“国家在社会中（state in society）”方法，他们承认国家是镶嵌在社会中的，并且国家与社会在共同的转型过程中不断进行相互作用（Joel S. Migdal, Atul Kohli, and Vivienne Shue, 1994）。从逻辑上讲，政策制定者或国家工作人员在政策制定和执行中扮演着最关键的角色，但是国家工作人员在国家-

---

① 对此更加综合性的考察，参见Merilee S. Grindle and John W. Thomas, *Public Choices and Policy Change: The Political Economy of Reform in Developing Countries*, Baltimore: The Johns Hopkins University Press, 1991, chapter 1.

社会关系的背景下制定和执行政策。社会的压力和约束以及历史、文化、国际的背景都是政策创制的核心变量，不仅因为它们塑造了做出权威决定的那些人的洞察力、选择和行为，而且因为它们影响了那些决定的结果。

无论是现代国家的地位被不断挑战的政治现实，还是抛弃非“社会主义”即“国家主义”的传统二元论思维，都在展示一种新的国家理论的研究方向。在这种新的研究图景中，“国家中心主义”的框架将不复存在，取而代之的是，把国家从其在社会内部所具有的高位上驱逐下来，仅仅把它当做一种与其他秩序并列存在的制度性秩序来分析。简而言之，人们认为国家是一个突现出来的、局部的、不稳定的体系，它在一个复杂的社会秩序之中与其他的体系相互依赖。

第三章　全球化、治理风险与国家的新形态

第一节　全球化背景下的治理风险

治理的兴起反映了传统公共行政面临着重大挑战，诸如经济发展及其全球化，消费者、纳税人和公民的要求越来越高，信息管理和传播领域的技术进步，前所未有的社会复杂性与多样性等等。在这些因素作用下，寻找新的治理方式成为一股强烈、普遍的趋势。与传统公共行政在具体组织内关注政治-行政二分带来的管理挑战，以及这些组织内部的政策制定、预算和实践不同，治理视角将大量存在于组织和行为主体间的复杂关系作为关注的焦点（杰瑞·斯托克，2007）。可以认为，治理冲击了传统的国家主义研究范式，也表达了人们希望在无须国家强制力量的条件下追求共同目标和实现共同利益的美好意愿。

但是，与这一美好意愿形成鲜明对照的是，现实世界正越来越显得难以治理。在全球化的背景下，治理的风险主要来自三个方面：全球资本的扩张、全球问题的普遍以及全球治理机制的不足。

一、全球资本的扩张

今天，在发达工业国家和大多数新兴工业国家中，金融开放度不断增大。外汇、货币市场工具、银行票据、债券和股票等国内市场比10年前更加开放，虽然这些市场资本流动并非是最佳的。到20世纪90年代，资本流

动性空前增强的看法已经在大多数国家政治中扎下了根。不可否认，布雷顿森林汇率体系崩溃后的这些年里，资本市场一体化产生了重大的政治影响，国家在兼顾汇率稳定性和国家货币政策自主上越来越难发挥作用。这构成了对政治合法性的最基本担忧。但是现实政治又表明，许多国家的政府都没有放弃对自由流动的资本、金融市场、跨国公司以及国家的债务结构进行政治管制，国家的管理权威并没有被全球资本市场所替代。

国际结算银行近年公布的调查数据令人吃惊地表明，在资本全球化过程中货币资本和金融资本的积累如何加速发展。如果以美元不变价格计算，国际金融货币资本在20世纪90年代平均年度增长率为10%，与此同时，经济合作与发展组织国家实际国内生产产值平均年度增长率明显低于3%。据世界银行计算，1993年世界社会生产产值为23.1兆美元，年底公布数字世界范围内投入交易的有价证券大约为60兆美元。其中用于直接投资和商品交易的资金所占比例仅在5%至7%之间，这意味着相当多的资本流入“以钱生钱”的有价证券或金融衍生物交易市场，转入金融投机活动。近年来，为了避免在国家货币和货币使用发生变化时出现汇兑风险和交易风险，开始使用新的流通手段——例如期货、期权等金融衍生物的交易，但这也使投机成分和金融风险进一步升级。作为一种高风险、高利润的投机性交易，期货期权投资只需付少量定金即可进行大宗交易。资本雄厚的私人投资者如能准确预测到收益丰厚的机会，短期内即可获得梦想的利润，而那些不大机灵的市场参与者就会受到相应损失。而且市场变得越来越复杂，越来越多的金融衍生物避开交易所进行交易。随着世界范围内各种金融市场的网络联结将进一步加强，在银行信贷与有价证券发行之间、一国范围内的流通与国际流通之间、市场现金流通手段与金融衍生物之间，以及在各种不同种类的金融衍生物之间的诸多差异将会变得更加模糊，这种日益发展的一体化将进一步刺激资本跨越国境的涌流（张世鹏，1997）。

在一个以放松控制和全球化为特征的世界金融体系内，专家们对突发事故的恐惧日益增长。流通速度越来越快，汇率变动也越来越频繁，宏观经济周期和利息周期搅到一起，金融经济越来越严重地与现实经济基础相脱节，世界各主要经济强国的金融管理机构和国际金融组织在抑制全球性经济事件所导致的最具破坏性的后果方面越来越感到力不从心，这种状况反过来又使得这些机构越来越无力应付金融危机；当前金融市场的制度构成和市场管制方面的缺陷以及私人手中拥有的大量流动资金，都严重限制着各国政府采取协调行动的可能性；与此同时，日益增加的国内金融危机的次数也使得国际货币基金组织所极力推进的金融稳定模型和各民族国家自身制定的经济政策陷入了进退维谷的境地。

具体来说，经济全球化对国家衰退产生了直接和间接的影响。首先，金融全球化计划了国家对资本的结构性依赖。其次，为了增加国内资本对外输出的选择，金融全球化和全球化生产也增加了资本流动可信性的风险，因为商人们如果发现国内税收和开支政策不利于发展，就会把资金转移到别的国家。再次，日益加速的金融整合，降低了国家维持经济增长政策的可能性，左翼和右翼的政府都遇到了严峻的财政问题并缩减社会政策开支，原先政府通过紧缩货币和增加赤字的政策来减少失业和调节工资，但是在全球化的背景下，这些政策都失效了。同时，国内的工人们又面临着超国家行为体一致支持高标准的社会保护的要求。

可以看到，全球化正在将世界整合到一个单一生产方式和单一全球体系中，并且把不同国家和地区融入到全球经济中，空间障碍的消除和地理逻辑对生产逻辑的服从史无前例。不管观察家是否喜欢这种资本跨国和跨地区市场迅速发展的现象，这都是一种唯物主义的全球观。

二、全球问题

除了经济事务，日益凸显的跨国或全球性问题，也赋予了国家新的责任，如生态环境的保护，消除贫困，大规模移民与难民潮问题，走私贩毒等国际性犯罪。人类社会所共同面临的一系列政治和安全方面的课题，难以简单地用传统的“左/右”政治模式来处理，这促使各国采取新的立场对这些问题加以解决：不仅需要加强各有关国家之间的利益协调与合作，而且需要建立新的全球性治理机制，调动民族国家、国际组织、民间机构等各方面积极性。总之，国际合作应被视为解决跨国问题的逻辑方法，而不是对境内主权的一种威胁。

从长远看，最显著的跨国事务是安全和环境保护。全球环境污染已经不能仅用建立在主权基础上的方法来解决。以法国、荷兰与德国在环境问题上的复杂关系为例。后两个国家受到莱茵河盐污染的严重影响，向莱茵河倾倒的盐在1977年达到高峰。因此，法国同意安装一个减少盐泄漏系统，然而，总成本的64%要由荷兰和德国提供，可主要污染者是法国（约瑟夫·A.凯米莱里、吉米·福尔克，2001）。在这里，所谓的“污染者支付”原则被“受害者支付”原则替代，这种对跨国污染问题的解决方式显然是不公正的。除此之外，一个国家因燃烧富硫煤引起的酸雨可能远远超出其国界；严重的工业污染通过空气和水，越过不受主权边界限制的大陆，不同国家可以努力去协调环境问题，但对于这些问题的产生，他们经常是很少或根本不能控制。因此这些国家会越来越积极地寻找合作的方式，以解决共同的问题，“全球性的威胁——主要是资源的耗竭，环境的恶化和气候的改变——要求实行全球性的伙伴制。这种伙伴关系已成为世界和平的中心问题”（英厄马尔·埃兰德，2003）。合作的参与者不仅包括国家，也包括地方政府和非政府组织。各国还应该支持环境保护者在国外的工作，并把它视为各国在国内使命的一种延伸，在承诺降低环境污染指数的同时，也要接受国际范围的监控，根据国家协定执行。

国家安全问题在“9·11”事件之后被各国认为是迫切需要重新加以审视的问题。在安全事务中，要体现重要的共同获益机会或防止共同损失的原则。但事实上，并不是所有的安全问题都能得到合作解决，因为“每个国家毫无疑问都希望获得军事优势，只要有可能，它就会选择其他国家所能容忍的机会主义式的欺诈。类似的最糟糕情况在于，当其他国家建造军备和扩展军事势力时，自己成为受骗者。为了减少这种受骗的危险，每一方都避免合作或者严格限制合作范围。这种避免或限制合作导致产生每一方都不希望的结果，即在军事领域的研究、支出和部署竞争性地升级”（大卫·A.鲍德温，2001）。显然，这种竞争性升级是次于合作性谈判的解决方式的，各国需要从合作中得到真正的共同获益机会以缓解根本性的敌对和不信任。另外，面对全球战略格局中充满的不稳定因素，如恐怖主义活动，采取外交政策的单边主义和“非对称性战争”并不是可取之道，而是要进行广泛的国家联合。

国家福利制度也遇到了新问题，即全球化带来的移民和公民身份的认定问题：国家在什么条件下赋予公民身份？给谁以公民身份？允许其享受什么福利？21世纪，公民身份将继续拥有巨大的价值。当然，对于在某种程度上能给接纳国带来益处的外国公民（如可以带来高新技术的智能型人才，带来庞大资金的外国投资者，能够补充迁入国的人力资源的外国劳工）来说，移民并不成为问题。但是对于一些技术水平比较低，无钱投资，甚至是非法越境的外国公民来说，改变居住国或改变国籍都是相当困难的。大量非法移民的涌入，对已经是失业率高居不下的国家来说更是雪上加霜；非法移民参与偷窃、行骗、抢劫、贩毒的案件的逐年增多，也让当地政府头痛不已。这些给接纳国带来的一系列的社会、经济、政治问题，在9·11恐怖事件后被反复强调。以“国家利益”名义出现的反移民论调，得到了一些国民的支持；与此同时，不应该让移民分享本国公民的工作机会和福利的舆论因与每一个公民的切身利益相关，也就在相当一部分民众中引起了共鸣。可见，新经济的浪潮和外国移民的威胁使接纳国陷入难题之中：市场需要移民，但人民不想要他们。对此，各国从国内的人口分布状况、人力资源需求和政治压力出发，开始调整各自的移民政策。根据联合国人口委员会在2000年初的一项报告，从2000年到2025年期间，仅为弥补就业人口与非就业人口间的比例关系，欧洲就可能需要引入将近1.59亿移民。法国的情况是，如果只是为了维持目前的人口总数，50年内大约需要147万移民。如果要维持目前就业人口与退休人口之间的比例关系，也就是说，每41个就业者养活1个65岁以上的退休者，那么，法国需要吸收9370万人，大约每年170万人，否则退休年龄必须推迟到74岁。在德国，由于在计算机信息产业及餐饮旅馆业等领域劳动力缺乏，需要依照“德国的利益”制订切实可行的移民政策，因此，德国会倾向于推行移民积分制，主要参数将包括资方最关注的年龄、学历、技能、经验等等。爱尔兰考虑在未来七年内输入20万外国合格的劳动力，以弥补国内劳动力不足（李明欢，2002）。另外，由于专业技术人员的流失，造成迁出国人材短缺；并且移民，特别是非法移民、难民的大量涌入，加剧了世界部分地区的失业和贫困，为迁入国社会带来犯罪剧增、种族矛盾等不安定因素，并有可能导致国际冲突。因此“在民族国家独立自主地决定如何授予公民身份的情况下，移民问题也有可能最终必须通过国际协议以求协调解决”（弗雷德里克·C.特纳、亚历杭德罗·L.科尔巴乔，2001）。

三、全球治理机制的不足

全球治理试图为解决全球问题提供一个全面和整体的方法。联合国社会发展研究所副所长阿尔卡塔拉女士指出，全球治理概念“使国际金融机构能从经济主义中挣脱出来，去重新思考与经济重组相关的关键性政治和社会问题。此外，这样也毋需触动受援国敏感的国内政治与行政问题”（俞可平，2003）。在1996年末，世界银行在内部重组过程中，提出了建立广泛的人类发展网络的目标，包括健康、教育和社会保护三个方面。这些目标旨在将更多的人群接纳到经济发展的主流中，各个国家、民族、种族都可以平等地获取发展带来的利益，国际行动要能够涉及各个受影响的国家，平衡各主权的利益，而且还在保证人们需要得到满足的同时不以牺牲环境资源为代价（Duncan A. French, 2002）。毫无疑问，这些目标是积极的。

但是，建立全球制度、发展公民社会组织的全球治理能否成为解决全球问题的根本途径？很显然，20世纪90年代后期知识、政治和经济领域中的新自由主义力量塑造了全球治理的主导模式。这种模式将市场看作世界上唯一起作用并影响一切社会子系统的调节者，其制度化的焦点也在于由国际金融机构、七国集团各国的财政部、私人性国际商业团体以及世界经济论坛等一些国际关系委员会所组成的网络。网络中各种不同的行动者，都“大力参与了对权力关系、法律规范、生活方式、劳动方式、全球社会（以及民族国家社会）的虚拟世界的塑造”（贝克，2000），使得表面上是“后政治”的世界社会，实质上却是在摆脱了民族国家关系之后形成的一个高度政治化的世界。受此影响，“全球治理”很可能成为一件理想主义外衣，下面隐藏着狡诈的经济自由主义与西方国家的意图和价值观。

可以看出，全球治理不可避免地带有意识形态的痕迹，但因此而让国家远离全球化潮流显然也不合时宜。较之一般的赞成与反对，寻求使全球行动机制更加具有合法性、在制度上更为完善的方式具有更为重要的意义。

不可否认，全球治理与扩大社会福利、保证人类安全以及减少贫困和饥荒的治理美景之间仍有差距。这首先表现在，国际组织在完成其主要任务时，如在全球范围内提供公共物品，显现出制度和管理能力上的不足。考尔（Inge Kaul）、格鲁伯格（Isabelle Grunberg）和斯特恩（Marc Stern）认为目前并没有找到一个有效的方法来保证全球公共物品的提供，因为公共政策的制定还没有跨越三大障碍：管辖权的障碍（当今世界的主要问题都具有全球性，而政策制定仍然在民族国家边界内）、参与的障碍（全球事件受到各种各样行为主体的影响，而决策制定仍然是政府间的）、激励的障碍（道德劝说不足以保证国家合作提供公共物品）（Bob Deacon, 2001）。另外，目前的世界贸易制度有着明显的缺点，例如国际货币基金组织的政策经常被认为是干扰性的，并且其自身负担也成为导致政策失败的因素。“短期资本流政策，特别是对发展中国家的，有着或者是潜在地具有着不稳定性。迄今为止，世界经合组织的投资者已经通过国际货币基金组织和七国集团国家（G7）的干涉，来防范市场危机和投机动荡的出现。但是这些规制和治理是最低限度的，只能够防止危机程度的加深和作为西方投资者的最后防护。”（Paul Hirst, 2002）国际组织在迅速扩张其职能范围中也暴露出诸多的漏洞。全球经济管治要深入到各国，直接影响到特定的“股东”，如非政府组织和企业组织，这些“股东”在国际组织中缺少代表，国际组织也难以向它们负责，由于“国际货币基金组织、世界银行和世贸组织所体现的毋宁是旧式的跨国技术公司的理念”（耐革尔·伍兹、安瑞塔·纳利卡，2003），使至少在国际经济管理领域出现了合法性与责任制之间的空白。

其次，全球治理缺乏合理性。虽然健全和发展一整套维护全人类安全、和平、发展、福利、平等和人权的新的国际政治经济秩序，一直是全球治理的基本目标，但是全球富人与穷人、富国与穷国之间两极分化的加剧，缘于性别、种族、文化、宗教等的社会排斥的不断扩大，以及全球市场和全球资本在满足世界大多数人利益的同时仍不能保证避免破坏自然环境（Cox, R, 1996），都表明全球治理在理想与现实之间存在着巨大的鸿沟。

再次，全球治理缺少全球协调、管理、制裁的机制。世界统一的政治纲领和行为标准仍然没有进一步确立，这“产生了相当的政策非理性、制度间的斗争、管辖权的重叠，以及竞争性政策网络的扩散”（托尼·麦克格鲁，2002）。全球治理在战略上的管理不足也降低了政策的有效性和影响力；并且没有制度和法律上的保证，使得全球治理中容易出现服从性的缺陷，如由于缺乏有效的监督检查和激励，在环境治理问题中经常会出现搭便车现象。

最后，国际组织的制度缺陷以及全球治理机制的合理性缺失都根源于民主的不足。对现代自由民主的评论一直以来集中于民主规则所涵盖的家庭和工作场所之私人领域的深度和广度上，民主理论家很少冒昧地超越国家范畴。直到最近，在独立自主的政治共同体的道德领域和无政府社会的非道德领域之间、国内和国际领域之间作出的直接区分成为普遍流行的假设之后，情况发生了转变。无论是国际关系理论家还是民主理论家都开始研究超越国界的民主，即“跨国民主”或“全球民主”（Tony McGrew, 2003）。

然而，这种民主存在着双重的矛盾。一方面，全球政策无法代表全世界各国及其公民的意愿，并且还没有建立起超国家的责任模型，民主有着空间上的限制。共产主义的提倡者质疑“跨国民主”的普遍主义前提，即历史、语言和政治文化构成了领土性政治共同体的特征，但这些特征却没有在跨国层次得以反映。在没有形成有效的、道德的、合法的政治共同体之前，只有在民族国家的领域内才能实现真正的民主。如果没有对各国的公民通过何种方式集结作出明确的阐述，那么“跨国民主”如何制度化以及如何为全球治理提供代表性、合法性和责任性都将十分困难。在政治现实主义看来，主权是难以超越的界限。纵然有国际社会存在，其中也制定了国际规范，但是在现实主义者眼中这一现象包含的暂时性、偶然性胜于持久性、必然性（Tony McGrew, 2003）。而且国际秩序的形成也总是为几个强势国家所操控，“超国家的治理体系不仅总是强加政策给民族国家，而且也不服从于国内的政治同意，民族国家却只有接受它们的条款并面对这些条款带来的结果”（Paul Hirst, 2002）。在这个意义上，全球治理只是西方霸权的同义语，连国际制度也被支配性权力所俘获。可见“跨国民主”概念体现了承认国内民主有效性与实现跨国民主愿望之间的紧张关系。

另一方面，即便全球民主得以实现，它也更趋向于强化和合法化全球资本，而不是对全球权力加以控制（Tony McGrew, 2003）。发达资本主义社会中资本优先于民主的规则被历史一再证明，鲁宾逊向我们描述了这样的景象：“效率的技术标准取代了可能与全球资本主义逻辑相抵触的社会标准，这又使权力从社会服务、教育、劳工等部门向中央银行、财政、金融、经济和外交部门转移。随着资源从国内部门转移到国外部门，转移到世界市场，跨国资本家阶级在各国的实力不断壮大。跨国派开始融入跨国资本家阶级的行列，并准备攫取地方国家的权力。很多国家中央银行的总裁由国际货币基金组织或世界银行来任命。”（王宏伟，2002）这一景象是国内民主与全球市场和跨国公司的权力之间的紧张关系在全球治理体系中日益尖锐的表现。民族国家的自治不再完整，其最高决策权与公共责任也脱离开来，民主的本质受到了损害。

可见，在全球化时代治理存在着失败的风险，尤其是许多发展中国家的治理现状越来越难以达到最低意义上的治理目标。福山指出：“在过去几年中，世界政治的主流是抨击‘大政府’，力图把国家部门的事务交给自由市场或公民社会。但特别是在发展中国家，政府软弱、无能或者无政府状态，却是严重问题的祸根。”（弗朗西斯·福山，2007）在福山看来，无论是亚非拉的发展中国家，还是原苏东地区的转型国家，在实行自由化的市场经济的同时，不适当地向社会全面放权，在削减国家职能范围的同时也削弱了国家能力，导致了无能国家、失败国家甚至无政府状态，引发了一系列严重的全球治理问题，如恐怖主义、艾滋病等等。福山指出，国家建构也许比治理更加重要，一个强而有力的国家也许比自组织治理更加重要，尤其对于广大第三世界发展中国家而言。

这就是说，由于国家在治理体系中的缺席或软弱，导致了许多国家治理状况的恶化。这里的原因，当然在于对市场和公民社会的过度崇拜。而就治理理论而言，否定、忽视国家作为治理主体的地位和作用，是一个重要方面。事实上，斯托克在他的治理定义中，明确将政府看作为一种治理主体。另一位重要的治理理论家库伊曼指出，治理不是一种固定的安排，而是“国家与社会，还有市场以新方式互动，以应对日益增长的社会及其政策议题或问题的复杂性、多样性和动态性”（J. Kooiman, 1999）。即使是罗西瑙所谓“没有（政府）统治的治理”（governance without government），也并不排斥国家或政府。在极端意义上，它排斥国家在整个治理体系中的权力垄断和等级控制，或者说要求国家在整个治理体系中与市场力量、公民社会组织处于同等地位。

进一步说，在治理体系中，国家与其他治理主体的地位和作用并不相等。杰索普认为，与市场失灵与国家失败一样，治理也会失败。治理失败的风险来自于各种治理力量不能在谈判与反思过程中达成共同目标。基于这种风险，杰索普提出了“元治理”概念。作为“治理的治理”，“元治理”旨在对市场、国家、公民社会等治理形式、力量或机制进行一种宏观安排，修正各种治理机制之间的相对平衡，并且重新调整它们的相对分量，重新组织和重新整合治理机制之间的复杂合作（杰索普，2000）。因而，构建一个能够承担设计机构制度、提出远景设想的“自组织的组织”是必要的，它不仅能够促进各领域中自组织的活动，还可以协调多种自组织的不同目标、过程和结果。“元治理”包括制度和战略两个方面：“制度上它要提供各种机制，促使有关各方集体学会不同地点和行动领域之间的功能联系和物质上的相互依存关系。在战略上元治理促进建立共同的远景，从而鼓励新的制度安排和新的活动，以便补充和充实现有治理模式之不足。”（杰索普，2000）

第二节　全球化背景下的国家新形态

虽然，在治理兴起的背景下，国家仍将发挥着重要的作用，但是在全球化加速的现实背景下，国家的研究议题显然已经发生了转变。全球资本与民族国家的关系，全球市民社会与主权国家，各种治理机构与国家形成的伙伴、协作关系，已经成为人们目前普遍关注的问题。所有这些议题都预示着对国家关注的复兴，但同时也表明，对国家的研究都不再是抽象的理论讨论，而是更加具有经验意义，且都不是“国家中心”的。

一、全球资本与国家

不管观察家是否喜欢这种资本跨国和跨地区市场迅速发展的现象，这都是一种唯物主义的全球观。如果将主权视为政策的自主权，那么国际资本流动就必然包含丧失国家主权的意义。但这种极狭义的定义忽略了大量有关国家主权的法律概念描述和包含国际经济相互依存意义的政治交换的研究。政策自主性和国家主权的缩小还低估了20世纪90年代三场金融大危机深刻的历史教训：灾难性的危机时刻总是展示了现代社会国家的最终政治权力所在。在实际中，当今世界许多国家都在根据本国的利益重新制定和执行经济政策。例如，面临金融市场的不稳定和脆弱，国家在处理国内外债务时采取了新的方法，一方面减少债务，一方面使外债有效地为本国经济服务；在对待跨国公司上，国家可以通过规范合法化实现限制跨国公司转移动产和生产要素自由的目的，防止跨国公司内的权力腐败以及对社会不负责任的行为，特别是在原材料开发领域国家可以强制改变跨国公司的行为。

可以说，全球化正在将世界整合到一个单一生产方式和单一全球体系中，并且把不同国家和地区融入到全球经济中，空间障碍的消除和地理逻辑对生产逻辑的服从史无前例。在这一过程中，世界资本主义的政治重组远远滞后于其经济重组，结果是经济虽然全球化了，但全球化所展开的社会关系却没有政治制度化。罗宾逊（Robinson）认为，历史唯物主义者关于国家的概念并非必然地与民族国家联系在一起，随着人类社会物质基础的变化，其制度组织迟早也要发生相应的变化。其结果便是跨国国家的兴起。跨国国家包括全球社会的制度和实践，这些制度和实践维护、捍卫和发展全球资产阶级的霸权。当然，跨国国家和民族国家之间并非是敌对的和互相排斥的，民族国家并没有"萎缩"和边缘化，只是其功能发生了改变，民族国家的功能正在从制定国家政策转向执行超国家机构制定的政策。民族国家已经被纳入为跨国国家的一个组成部分，变成了推行全球资本主义战略的积极工具，成为了跨国资本统治的传送带和过滤器（William I. Robinson, 2000）。

相比之下，艾伦·伍德在《全球资本，民族国家》一文中指出，尽管国家并非是资本主义创造的，现代国家连同领土和主权这些现代概念，出现在一种与资本主义毫无关联的社会关系中。但是，在资本主义独特的政治和经济的结构性分离中被内化、变形以及不断成熟的地域国家，已经和资本主义的社会生活组织融为一体了。资本主义的出现是和民族国家的进展紧密联系在一起。从那时起，这种紧密联系就塑造了资本主义的发展和扩张。在全球化时代，阶级仍然在民族国家中构成，"全球经济规则需要经由民族国家的地方干预"。因此，尽管承认国际经济生活中的相互联系正在不断增长，伍德认为仍然没有理由相信全球化资本主义使得地域国家必须被一些超国家的主权所取代，也没有理由相信由这些政治实体所型构起来的民族国家经济空间必须被取代。当前的经济全球化不会导致民族国家的消亡。事实上，并不存在抽象的全球经济，全球经济仍然由民族经济的实体构成，资本主义的一般法则和全球资本的力量主要还得依靠特定的民族和地区形式展现出来。全球的经济动力要继续依赖民族经济和民族国家的力量来推动。全球化本身是一个民族经济和民族国家的现象，不考虑民族经济中的不平衡发展以及竞争性和不承认民族资本主义中为争夺统治权而在国际联合和斗争中的经常性冲突，是无法弄清楚全球化的。即使存在着真正的联合运动，它更多的也是采取区域化的形式而较少采取全球化的形式，而且即便是在区域联合的层次上，民族国家的离心力量仍然在起作用。比如在最富雄心的跨国联合——欧盟——中，合作和竞争之间、一体化和国家主权之间的冲突也是极其明显的（Ellen Meiksins Wood, 2002）。

全球化资本主义可能导致经济扩张主义与资本主义赖于确保社会稳定和政治再生产的政治权威的地域性限定形式之间的矛盾激化。但经验性的考察告诉我们，20多年来逐渐形成的国际资本市场是各个国家的国内优先选择和对外战略政治交互作用的产物。在全球化的时代背景下，有效的管理权威是否会被全球资本市场取代，一种地域政治形式是否仍占核心地位是一个开放的、未决的问题。

但就目前全球性的经济危机而言，国家在维护经济稳定和经济安全方面的作用再一次得到了印证，美、欧、日等国家采取了各种措施救市，包括实行定量宽松的货币政策、商业银行国有化以及强调公私合作等多个特点。

第一，定量宽松货币政策范围扩大。从2007年8月次贷危机爆发算起，美联储的货币政策以降息和直接向商业银行注资为主。到去年底，美联储已经把基准利率由5.25%降至0.25%。2009年3月18日，美联储开始再购买长期国债，并再次购入相关房产抵押债券和房贷机构债券。所谓定量宽松，一般指利率接近或者达到零的情况下，央行通过购买各种债券，向货币市场注入大量流动性的干预方式。用特意创造的货币购买政府债券和企业债券，是希望能够降低贷款成本，有效改善民间信贷市场环境。在此之前，日本、英国和瑞士都在使用定量宽松的政策。

第二，商业银行国有化。2007年底，英国率先对陷入危机的诺森罗克银行实行国有化。2009年2月18日，德国内阁批准了一项救市法案，允许政府将银行强制国有化，以防止大银行破产动摇德国金融系统。2009年2月27日，英国政府继续对苏格兰皇家银行注资225亿英镑。至此，英国政府已经拥有该银行95%的股份。同一天，美国在花旗银行的持股比例达到36%，实际上对花旗实行了国有化。紧随国有化的是对银行不良资产的处置。2009年3月23日，美国财政部细化了针对银行业不良资产剥离的计划。

第三，强调公私合作。美国政府高官近日的表态可以看出，美国应对危机目前开始从政府主导转向强调与私营部门合作。美政府意识到，美国经济真正的复苏动力在于市场，如果不让私营部门参与金融业救助，则最终效果不容乐观。美国财政部长盖特纳2009年3月22日说，解决金融危机的唯一途径是同私营机构合作，消除银行资产负债表中的问题资产。

可以想见，金融危机的潜在危险还有多处，片面追求金融创新与市场效率，缺乏必要的、有效监管的市场，将是风险泛滥、危机四伏的市场。但可以确定的是，全面、严格、持续的政府监管，始终是防范与化解金融风险，实现市场健康、稳定、持续发展的保障，并且，国家在稳定市场信心方面的作用不容怀疑。

二、全球公民社会与国家

全球公民社会发端于20世纪末，是公民社会运动和全球化运动在新形势下的结合。迄今为止几乎所有关于全球公民社会的论述都涉及到了它与国家之间的关系。其观点可概括为：全球公民社会的形成离不开国家的支持，但也构成了对国家主权的挑战，促进了以国家行为体和非国家行为体之间的合作互动为特征的全球治理体系的发展。

在“去领土化”和公民社会确立“合法性”的进程中，国家都发挥了关键性的作用。是否选择向全球开放以及选择何种程度的开放，自1648年威斯特伐利亚条约后，除了主权国家，没有任何一种力量可以对这个问题做出回答。同样地，公民社会合法性地位的确立，也是各国政府的一种策略性选择。在20世纪90年代，许多国家都修订了法律，使公民组织的发展成为可能，这尤其出现在一些后全能主义国家中，如罗马尼亚和俄罗斯。在其他国家，比如泰国和日本，也对公民组织实施了限制性的许可（Jan Aart Scholter, 2000）。

在全球公民社会的发展中，国家同样扮演着重要角色。这首先表现在国家为全球公民社会的发展提供了安全和制度空间（Mary Kaldor,

2003）。公民社会组织的存在为国家的法律体制所允许，尽管各国都对公民组织的发展设立了不同程度的限制。在法国，仅仅在1990年就建立了6万多个社团；在巴西圣保罗，有近45000个非营利组织在发挥作用，而整个巴西有近20万个非政府组织在发挥作用（莱斯特·萨拉蒙、赫尔穆特·安海尔，2000）。 在全球层面上，据《国际组织年鉴》统计，国际非政府组织的数量在过去10年中增长了4倍（戴维·布朗等，2003）。

其次，国家为全球公民社会的发展提供了资源。许多公民社会依靠政府获得资助。在德国、日本、美国、意大利、英国等国家中，非营利组织有大约41%的收入来自政府。相对于私人募捐和服务性收入而言，政府成了非营利性收入的主要来源。全球性的公民组织也以来自政府或国际组织的资助为主要活动经费。据世界银行报道，过去15年中，世界银行已资助60个国家的100多项社会基金项目，总额近40亿美元（保罗·韦普纳，2003）。

可以认为，全球公民社会的出现部分地源于国家体系的支持，后者提供的合法性以及制度和物质资源是前者得以发展的基本前提。当然，国家对全球公民社会的支持是有选择的。在发达国家中，几乎每一个地方的公民社会部门都由四个部分组成，即教育和研究、健康、社会服务和文化与娱乐组织。这四个部分占据了公民社会部门近80%的开支。在发展中国家，公民社会组织结构不尽相同，发展组织和住房组织起到了重要作用。全球公民社会组织则更多地集中于某些具体的全球议题，比如全球疫苗和免疫联盟、清洁空气倡议、遏制结核病倡议及全球水事伙伴关系等。那种单纯以实现公民权利为目标的全球公民组织只在少数。这些事实表明，当扮演一种提供补充性社会服务、帮助国家解决问题的角色时，全球公民社会更可能获得国家的承认和支援。此时，两者之间可以达成一致，并结成友好合作的关系。

若论国家与全球公民社会的一般关系，在威斯特伐利亚体系尚未受到根本性冲击的国际体系中，主权国家是主动者和操控者，是权力的实际掌握者，全球体系的权力格局没有发生根本性改变，全球公民社会尚没有分享到权力的一杯羹。这一点从全球公民社会发挥作用的范围和方式中也可以看出来。在联合国官方网站上，民间社会组织在联合国和全球施政中发挥影响的方式被归纳为三种。一是业务参与和伙伴关系，主要是借助非政府组织和其他民间社会组织的业务和基层经验，加强联合国项目和方案的范围和效力。二是通过宣传、运动和抗议、对话和协商等多种形式影响政策和政策对话。三是通过参与讨论、提出建议、参与管理等方式影响国际机构的施政进程。公民社会的这些功能，用迈克尔·爱德华兹（Michael Edwards）的话说，就是只拥有声音而非选票（Mary Kaldor, 2003）。由此可见，全球公民社会远不像许多乐观主义者所认为的那样已成为多元世界体系中的一元，它的地位仍是边缘化的，它之于国家的关系取决于当它被用作一种政治策略时所欲求的目标。

当然，我们也不能因此将全球公民社会看作一种消极存在，忽视它作为一个具有多重涵义的概念所包含的可能性。从经验事实中看，全球公民社会对主权国家构成的压力是实实在在的。它们的倡议如关于禁用地雷、取消债务和保护环境等问题的倡议，常常能赢得全世界成千上万人的支持；它们的建议有时也能获得国家的采纳，如在国际非政府组织“饥荒对策机构”的斡旋下，韩国于2004年接受了朝鲜咸镜北道罗先市出口的商品。不仅如此，全球公民社会的一些组织与联合国和世界银行等国际组织结成了长期的合作关系，在国际政策的制定上发挥着重要作用，如联合国系统内的妇女、儿童和青年、农民等群众组织经常会参加联合国的审议进程。而且，全球公民社会并不满足于影响主权国家政府和国际组织的议程，许多公民组织旨在谋求超越国家体系的价值分配方式。国际会计准则委员会（IASC）成功地排挤了颁布会计标准的政府间努力，1998年以来发挥了得到西方七国集团、国际货币基金组织和世界银行认可的重要作用。国际商会（ICC）代表了来自130多个国家的私营公司和协会，它宣称自己在制定管制跨界交易行为的规则中拥有“无与伦比的权威”。这些规则尽管是自愿性的，但它们每天为数不清的、金额庞大的交易活动所遵循，并已成为国际贸易结构的组成部分。此外，国际商会还在国际仲裁法庭上提供服务（戴维·赫尔德，2004）。

迄今为止，全球公民社会仍不能完全绕过主权国家行动，但它却展示了在国家或政治权威之外参与、决策和解决问题的可能性。在20世纪的超国家政治发展中，全球公民社会部门与政府机构之间的公私伙伴关系非常明显（John Keane, 2003）。国与国的外交关系，在国际关系中仍然举足轻重，但它现在得到了非政府组织活动的补充，在某些情况下甚至被后者所取代，或者被后者推到次要的位置（格托夫，2000）。全球公民社会常常能通过与非政府朋友的联合以及向政府间组织求助成功地向主权国家和国际体系施加压力，它不仅影响着主权国家的价值分配，也影响着全球的价值分配。不但如此，全球公民社会积极有效的运作还促进了主权国家的传统治理模式朝向全球治理模式的转型。

三、全球治理与国家

如何弥补全球治理中的合法性缺失和有效性不足，以更好地解决全球问题？在赫尔德看来，要形成以社会为基础的、世界性的多边主义，必须做到四个方面：提高政治共同体在多个领域的内在关联性，包括社会、经济和环境领域；加深对叠加的各层机构的理解，即要在各个层次——地方的、国家的、地区的、全球的——制定集体规范和活动的实施方案；深刻地认识到跨国层次需要更多有效、负责的决策；从地方向地区及全球扩展和改革现存的多层次、多边的政治，使其在操作过程中具备透明、负责和民主的原则（David Held, 2003）。可见，面对全球治理的不稳定性，政治家和理论家都没有回到民族主义的立场上，而是旨在适应地区化和全球化的背景，试图通过发展和深化多层次的治理结构来寻找出路，在此之中，国家无疑扮演了重要的角色。

面对全球治理带来的冲击与影响，主权国家积极地制定维护国家主权的应对策略，建构新的国家主权。这包括：主权国家不应再被理解为“统治的力量”，而应当被当作一个相对独立的治理中心，一个在一定的范围内提出治理模式、实现其合法性并监督其实施的治理中心；全球公民仍然生活在一定的主权国家内，并且受到主权国家的公民身份限制，主权国家仍然拥有“最高的统治权”，各个主权国家都是全球治理网络体系中的一个结点，受整个治理网络的制约，并且在一定的范围内主权是可以共享的；主权国家是主要的治理实践者，主权权力主要是用来分配治理的权力、监督治理的实施、通过适当的形式与合法性来安排治理活动；全球治理相当于一个全球政体，主权国家是其中的具有自治权利的“选民”。全球治理是一个动态的过程，每一个具体的治理活动都有一个主权国家作为治理中心，主权国家对一个个处于暂时协调地位的治理中心负责，随着治理活动的结束，这个治理中心也就完成了使命。

要实现多层次治理的高效率和充分民主，也离不开国家的支持。一方面，国家与地方的权限不能仅仅依据行政上的“等级制”划分，而更应依据运作上的效率与效益划分，形成国家与地方“在创新和公共经济问题上的持续对话”。另一方面，国家对地方的支持并不是指加强国家对地方的干预和控制，而是指国家要给予地方政府以“真正的导航”。例如，国家应保证跨地区以及地方当局与私营经济间的良性竞争，要求地方政府定期向市民报告社区参与和实施决策的方式，尽量迫使地方当局平衡它们的预算等等。通过国家的“杠杆作用”使地方政府的管理符合平衡效率与民主的标准。根据1992年由格哈德·班纳带领下的国际工作小组所进行的“地方政府的民主与有效性”研究，这些标准包括：在民主控制下的行为，公民和顾客导向，政治与行政的合作，分权管理，控制与反馈，发挥雇员潜能，通过竞争保持创新能力。简言之，国家在对地方当局解除管制的同时，也采取了重新规制的策略，以引导不同行为体在不同层级上充分利用被赋予的各种机遇。

在考虑了民族国家在资本积累和社会凝聚力的维持上是否还扮演主要角色之后，我们可以得出结论，尽管民族国家的架构式微，但在组织全球化经济、全球化政治和正出现的全球市民社会中它仍然占有首要地位。换句话说，民族国家不是正在消亡，而是正在被重新想象、重新设计、重新调整方向以回应一系列挑战。因而对国家的研究在现时代仍然具有重要意义。在全球化背景下，全球资本、全球市民社会、全球治理与民族国家的关系构成了国家理论的新形态，也使复兴国家的浪潮不仅体现在国家的行动上，也体现在规范性的研究上。

第三节　治理与现代国家的关系

任何事物都具有两重性，治理与现代国家的关系也不例外。虽然表面上我们更多地看到了治理对国家主权的削弱和侵蚀，以及关于国家在治理中所起的负面作用的抱怨，但只要经过深入分析，我们不难发现，治理与现代国家之间不仅仅存在异质性，也具有同质性，治理不仅对国家主权造成冲击，同样也可以拓展和加强国家主权。反过来，国家在治理中也不完全是被动适应的一方，同时也是影响治理机制形成和运作的重要力量。

虽然激进的治理论者喜欢使用“没有政府的治理”“全球公民社会的形成”这样的用语来有意无意地淡化主权和国家在治理结构中的作用，甚至认为古老的国家主权是实施全球治理的最大障碍，实际上并非如此，国家主权对治理能否良好实施有着极其重要的影响。

首先，国家不仅是治理网络中的一个重要主体，其作用更加体现在所谓的“元治理”上。鲍勃·杰索普认为，元治理不是建立一个至高无上、一切治理安排都要服从的政府，而是设计机构制度，提出远景设想。它们不仅促进各个领域的自组织，而且还能使各式各样自组织安排的不同目标、空间和时间尺度、行动以及后果等相对协调。元治理有制度的和战略的两个方面。制度上它要提供各种机制，促使有关各方集体学会不同地点和行动领域之间的功能联系和物质上的相互依存关系。在战略上元治理促进建立共同的远景，从而鼓励新的制度安排和（或）新的活动，以便补充和（或）充实现有治理模式之不足。国家在元治理中发挥着多方面的重要作用：作为政策主张不同的人士进行对话的主要组织者，作为有责任保证各个子系统实现某种程度的团结的总体机构，作为规章制度的制定者，使有关各方遵循和运用规章制度，实现各自的目的，以及在其他子系统（如市场、工会或科学政策界）失败的情况下作为最高权力机关负责采取“最后一着”补救措施（鲍勃·杰索普，1999）。

其次，就各个治理主体之间比较而言，虽然非政府组织和跨国公司更容易引起人们的关注，但它们的作用往往也被夸大了，而主权国家却拥有实实在在的明显优势。一是资源和能力优势。毫无疑问，虽然鼓吹“国家失败”“主权消亡”的论调已经司空见惯，但韦伯关于现代国家“合法使用暴力的垄断者”的描述并没有失效，在对“资源和价值观的权威性分配”上，国家依然扮演着绝对重要的角色，依然是治理机制中最强大的行动者：国家提供全球治理的基本规则，国家实现不同治理机制的兼容性，国家仲裁各种冲突，国家平衡各种利益，国家保护弱者，等等。而这种角色恰恰是跨国公司、非政府组织、国际组织等所不可比拟的。二是合法性优势。民选政府在合法性、代表性、责任性等方面都要高于非政府组织，更高于跨国公司等私人经济部门，因此由各国府及他们授权的国际组织进行跨国决策和维持国际规制更加符合民主治理的要求。国家依然是跨国公司和国际组织的实际推动者和真正的行为主体。当今世界的一些区域一体化国际组织无不是在国家政府的推动下组建起来的。同时，国际组织由主权国家共同组建，其权力来源于主权国家的授权，也由主权国家的代表来行使，其职能是加强国家间的合作，协调国家间关系，离开了主权国家，国际组织将无法运作。直到今天，主权依然是国际社会的基石。

因而，对于全球化和治理以及国家主权的关系，不少学者依然坚持国家的当代有效性。例如，国际机制作为治理的一个要素，强调对国家行为的约束，但不主张“主权过时论”或“超越主权论”。按照斯坦利·霍夫曼的说法，国际机制“并不意味着国家主权的转移，而是主张国家主权的‘国际汇合’；不是要求单方面的责任和行动，而是强调国际的共同责任和行动”（刘杰，1997）。汉斯·摩索根也认为，“国家限制自己的行动自由的法律义务的数量并不影响它的主权……影响主权的不是法律限制的数量，而是它的性质。一个国家可以接受不论多少法律限制而仍不失为独立自主，只要这些限制不影响它作为立法和执法的最高权威的性质。”（汉斯·摩根索，1995）英国学者詹宁斯和瓦茨最新修订的《奥本海国际法》中，依然明确承认“主权是最高权威”，“依照最严格和最狭隘的意义，主权含有全面独立的意思，无论在国土以内或在国土以外都是独立的”（刘杰，2001）。

至于跨国公司地位的加强和国家作用的减少，很多学者都认为有所夸大，实际上，跨国公司还远不能取代国家。琳达·韦斯提出，“在全球化进程中，民族国家的作用不是更小而是更大了，不是在阻滞发展而是推动进步，因此讲国家无能，完全是一种政治设计。”（琳达·韦斯，1998）哈曼坚持认为，“政府，无论是东道国的还是母国的，都在继续扮演着一个决定性的——也许是荒谬的——和日益重要的角色。”（克里斯·哈曼，1998）威廉姆·凯勒和路易斯·波利也强调了跨国公司的依然要受到国家的影响，“那种不受民族国家政治束缚、遨游于国界日益消失的世界市场中的全球公司，仍然只是一种神话。正是国家赋予了跨国公司特许权，为它们培育了得以蓬勃发展的运行环境。在世界大多数最主要的跨国公司所处的母国中，政府仍然具有税收和管理权，并且有权影响商业活动。”（威廉姆·凯勒、路易斯·波利，1998）

可以说，治理需要国家建构，国家建构是为了使国家更有效地承担起元治理角色，成为多中心治理体系中的中坚力量。同时，国家建构需要改善治理结构，培育发达的公民社会和市场力量，面对一个日益复杂的社会，国家需要与发达的公民社会和市场力量一起承担和管理公共事务，通过彼此的伙伴协作来实现广泛社会的众多治理目标（郁建兴，2008）。

第四章　治理结构中的国家角色

与其说治理削弱了国家的主权，不如说体现了主权的强大性和回应性。治理一方面要求国家回缩以适应全球主义的要求，一方面要求国家继续扮演规则提供者和秩序维护者的强大角色。正如杰索普所指出的，由于新旧目标之间的冲突可能会造成治理的失败，因而构建一个能够承担设计机构制度、提出远景设想的“自组织的组织”是必要的。它不仅能够促进各领域中自组织的活动，还可以协调多种自组织的不同目标、过程和结果。杰索普把它称为“元治理”，包括制度和战略两个方面：“制度上它要提供各种机制，促使有关各方集体学会不同地点和行动领域之间的功能联系和物质上的相互依存关系。在战略上元治理促进建立共同的远景，从而鼓励新的制度安排和新的活动，以便补充和充实现有治理模式之不足。”（鲍勃·杰索普，2000）那么我们如何来理解国家在治理结构中所起的作用？如果从纵向和横向两个维度来理解治理，我们将发现国家权力一方面向上转移给国际组织，向下转移给次国家层次，逐渐形成纵向上的多层次治理结构，另一方面国家权力向外转移给市场组织、非政府组织，逐渐形成横向上的多中心治理结构。而在这样的治理网络的形成中，国家角色的转型都围绕着国家能力与行动范围的重构而展开，而这一点对于发展中国家而言，正是现代国家建构的过程。

第一节 国家角色转型的理论基础

一、“多中心治理”理论

这一理论主张多中心或多核心的国家政府体系，这样的治理结构最能回应公民的需求。一般认为，多中心治理的优点在于（张紧跟，2006）：（1）更方便城区政府官员充分了解不同公民团体的偏好；（2）公共官员将尽可能贴近公民以使他们对不同邻里的生存条件给予不同的回应；（3）政府官僚机构尽可能小而便于管理。在规模较大的城区，城市政府的多样性可以提供不同类型的公共服务。它们强调不同的教育、经济、发展、犯罪控制和娱乐形式。如果把政府比作市场，个体便可以选择居住在最能满足其需要的社区（即“以脚投票”）。地方政府间的竞争将促进它们回应公众的服务需求。

这一过程中采纳的基本原则就是政府间合作的自愿主义，目前存在着两种层次的合作：一是政策层面的合作，主要是通过政府联合会、规划机构来处理与区域性治理有关的广泛问题，如解决哪些服务应当在区域性基础上加以提供、如何提供这些服务等政策问题。二是功能层面的合作，主要涉及某些特定服务的生产与提供，通过将服务的生产者与提供者相分离，地方政府可以通过多种途径为其居民提供各种服务。政府间合作具体来说主要有以下几种方式（刘彩虹，2004）。

1. 非正式合作（informal cooperation）

与签订书面备忘录和协定的正式合作相反，非正式合作通常是政治家或管理人员之间口头的、非正式协议，一般不具法律约束力。它可能是简单的信息共享或交流；也可能是允许一个政府使用另一个政府所拥有的设备的口头协定。最简单的一种非正式合作是双向互助协议（mutual aid）。这种互助可能是信息共享，也可能是在紧急时刻互相援助。

2. 政府间服务合同（interlocal service agreement）

政府间服务合同是两个或两个以上政府签订的有法律约束力的协议。根据协议规定，其中一个政府同意按照议定的价格向另一政府提供某项服务，服务的质量与数量都可在合同中约定。如一个未设高中的地方学区可以把自己的学生送到邻近学区的高中接受教育并向该学区支付费用。小的社区常常从一些专门化的政府单位购买图书馆、娱乐设施或消防服务。县政府常常与自治体签订合同，付费给后者以维护穿越自治体的县级公路。采取这种政府间服务协议，地方政府仍然承担提供服务的责任，但是可以通过契约由其他政府单位负责服务的生产。

3. 一揽子服务协议（package of service）

许多郊区社区由于规模太小，在服务提供上无法实现规模经济，于是便采用向某个政府购买一揽子服务的机制，将服务的生产与提供分离开来。由规模较大的自治市、县、或特区利用规模经济负责生产，而小社区则向这些大的政府单位购买服务提供给居民。由于美国加利福尼亚州洛杉矶县的莱克伍德是国内第一个基本完全依赖政府间合同向其居民提供所有基础性服务的社区，所以一揽子服务协议又称为“莱克伍德方案”（Lakewood Plan）。

4. 共同权力协定（joint-powers agreement）

合作政府的另一种形式是共同权力协定，是指两个或两个以上的政府共同建造和管理某项设施或共同提供某项服务。它包括两种形式，一是共同设施协定（joint facilities agreement），它最早可以追溯到19世纪与水厂和桥梁有关的协定。政府间关系咨询委员会1974年进行的一项调查发现，大都市区中40%的中心城市和22%的郊区自治体都参与了共同设施建设。垃圾掩埋场是共同设施协定中最常见的合作项目，而污水处理厂、机场和医院也经常以此种方式进行建设和管理（Haward W.Hallman, 1977）。二是共同服务协定（joint services agreement）。在共同服务协定（joint services agreement）下，参与协定的各地方政府仍然提供各种服务，但在某个领域更为专业化，并向其他政府提供这种专业化的服务。如警察服务可以分为内部通讯、预防性巡逻、警察培训、犯罪实验室、拘留所的管理等若干组成部分。

5. 职能转移（Transfer of Functions）

在大都市区现有地方政府框架内进行的另一种适应性调整是将某项职能从一个政府永久性地转移到另一个政府。大部分情况下是从一个自治体转移到县或州，或转移到特区，但有时相反的情况也会发生。这一方法与政府间服务协议有些类似，即由其他政府来提供某些服务，但与政府间服务协议不同的是，获得转移职能的政府要在政策制定、财政和行政方面承担全面永久的责任。政府间职能转移一般是自愿性的，目前美国有18个州允许进行职能转移，一半以上的州要求取得选民的同意。尽管功能转移一般是自愿的，但有时州议会也会通过立法要求地方政府将某项服务移交给其他地方政府，或建立一个特别管理局接管以前由地方政府行使的职能。州通过特区吸收的功能主要是公共福利、公共健康、人口控制、地方法庭、财产税评估、建筑规章、海岸分区管理以及矿业开发。

二、“治理网络”理论

这一理论主张在政府、社区组织、企业组织及非营利组织等之间建立一种策略伙伴关系（strategic partnerships）。国家可以被视作是以跨地方公共事务治理与协作网络为基础组合而成的治理组织形式。它主要针对某区域内各地方共同面对的制约区域经济持续发展的问题（如森林、河流流域生态环境退化等），或者为了规划区域内产业布局和经济增长方式，而建立区域内互惠、合作和共同发展的网络体系。参与治理的主体力量来源于不同层次政府间、地方政府间、地方公民团体间或各地方政府与公民团体间形成的社会网络。它们组建成治理的协作性或合作性组织，采取多种形式来解决公共问题（张紧跟，2006）。有学者概括了这一模式的特点：治理而非管理，跨部门而非单一部门，协作而非协调，过程而非结构，网络化结构而非正式结构（Allan D. Wallis）。具体而言，“治理网络”超越了一个特定的地方政府的管辖范围，是两个或两个以上的地方辖区联合形成的治理层次；在国家治理中，共同参与的各政治主体间既有竞争，也有合作；治理的组织载体呈网络化形态；“多中心治理”将区域内某些资源有机地整合起来，避免了由于地方高度资源分割化使用而带来的重复建设与资源浪费，提高了资源的使用效率。

“治理网络”模式中，私营部门直接与政府合作以参与区域治理。尽管私营部门主要关注的是为经济发展改善环境，但这必然会包括设施、住房、教育、交通和其他区域事务。另外，非营利组织从社会服务的角度来参与区域治理，它们对促进大都市区的社会公平与平等更感兴趣。在“治理网络”的主张者看来，为了有效实现目标，政府领导人之间、政府领导人与私营部门和非营利组织领导人之间越来越多地需要相互协作；尽管每一个部门在区域治理中都有自己的特殊利益，但为了实现自我利益它们必须愿意共享权力和资源（Allan D. Wallis, 1994）。可以说，治理网络是唯一可行的治理结构。

更进一步，公民的积极参与，政府与公民之间建立的相互信任、相互依赖与相互合作关系，是区域治理的社会与道德基础。政治学家罗伯特·帕特南的经验研究发现，公民参与的网络导致了协作的成功，成为未来协作的模式；公民参与克服了猜疑与不信任的障碍，促进了在解决公共问题中的合作（Robert D. Putnam, 1993）。政府通过鼓励地方政府与私营部门间合作与协作的项目来帮助培育公–私伙伴关系。与私营部门和非营利组织的协作以及地方政府间合作的精神也因为地区间的相互依赖和合作的必要性而得到发展。

尽管“治理网络”的构想也受到了一些批评，如协作只是给大公司带来不公平的优势、协作主要集中在商业区、在协作中地方政府不是一个平等的伙伴（因为其贡献多而获得少）等。但从经验研究来看，在网络治理中，合作因为下列因素而不断得到加强：从合作中获得了明显的好处；来自政治、公众和私人部门领导人的强力支持；改革是理性的、可实现的解决方法，而不是激进的变化；具有政治合法性的制度化合作有助于促进区域治理；州政府为区域治理提供资源；公民广泛参与（David K. Hamilton, 1999）。

三、“策略关系”理论

“策略关系”方法是一个有关社会体化（societalization）的理论建构方法。杰索普在他1990年出版的《国家理论》一书中，主要论述了两种类型的社会体化。第一种即国家效应（state effect），主要涉及国家自身；第二种则是有关资本主义的社会体化。

第一种社会体化主要聚焦于广义的国家以及国家自身的扩大再生产。杰索普认为，国家应该被视作为一个自身无法行使权力的结构整体，如果缺乏必要的整合以确立明确的制度性边界，国家则可以以各种不同的方式得到定义。但不论采用哪种定义，考虑到整个资本积累和政治统治再生产中各种国家机构以及国家和非国家机构之间的复杂接合形式是极为根本的。然而，各种国家机构的统一并非事先给定的，而必须在政治上得到建构。由于在如何确保国家机构的形式和实质的统一上总是存在着问题，国家计划（state project）和领导权计划（hegemonic project）这两个概念在此扮演了重要作用。国家计划这个概念表明，一个统一的国家的存在并非理所当然，它取决于有助于形成国家效应的结构以及策略要素。由于总是存在着相互竞争的国家计划，因此国家的正常运转乃是一个突现的、倾向性的现象。领导权计划则为国家的相对统一和聚合提供了意识形态以及物质基础的可能角色。领导权计划包含对一个具体的、民族–大众行动计划的动员，这个行动计划在明显的或含蓄的推进领导阶级的长期利益目标的追求中嵌入了一个普遍利益，并且优先照顾与这个计划相协调的特定经济–法人利益。如果缺乏这种领导权计划，国家管理者可能会牺牲普遍的政治职能而围绕狭隘的政治职能来确立国家的统一，或者整个国家机构陷入分崩离析。领导权计划的成功实现除了依赖于它的战略定位以及它和积累之间的关系之外，还依赖于策略选择性。策略选择性对相关政治力量的平衡以及各种社会力量和不同策略在利益和目标的追求中有着不一样的影响力。这取决于国家结构以及各种力量所采用的策略之间的关系（Bob Jessop, 1990）。这又将我们引导到国家形式的问题上，在这一问题上，杰索普主要分析了在中介资本统治方面最关键的三个向度：政治代表制形式、干预形式以及国家作为制度整体的接合形式。首先，政治代表制形式塑造了资本利益在既定积累策略中得以接合的方式，通过铭刻于这种形式的策略选择，一些策略以其他策略为代价而得到优先照顾。其次，不同的干预形式对特定积累策略的追求来说有着不同的影响。最后，权力在国家机构内部的水平的和垂直的分配，以及国家特定部门的相对统治对国家权力的行使有着重大的影响。此外，除了国家的形式方面，杰索普认为我们还必须考量国家系统的实质方面。比如国家机构执行的具体政策，以及两个更为一般的决定因素：支持或抗拒国家的社会基础以及领导权计划的性质。借助国家的社会基础，我们可以理解支持国家系统基本结构的社会力量的具体结构以及这些社会力量的运行方式和目标。这不能简单地规约为共识问题，而是取决于大众整合的特殊方式，它输送、转化各种需求并且为它们排定优先次序，并维持“妥协的不稳定平衡”所需的物质利益的让步。杰索普同时还指出，国家的社会基础是异质的，不同的社会力量对国家的承诺程度不一，而国家在对不同社会力量的物质让步、象征性奖赏以及镇压的混合也有大量的变化。这一点在杰索普对“一族”和“两族”领导权计划的区分中得到清晰的展示。“一族”（one nation）的策略旨在一个扩展性的领导权，其中整个民众的支持通过物质让步和象征性的奖赏而得到动员。与此相反，“两族”（two nations）的策略旨在有限的领导权，仅动员民众中重要的部分人的支持，而将计划的代价转移给其他的部分（Bob Jessop, 1990）。

第二种社会体化即资本主义的社会体化，它超越狭隘的经济再生产，包含了经济再生产所必需的各种更广泛的社会条件，类似于“整体经济”，即一个“经济核心+它的社会调节方式”或一个经由经济基础与各种支持它的和/或与之相适应的社会形式之间的结构性联结而形成的历史集团（Bob Jessop, 1990）。

在第二种社会体化即资本主义的社会体化中，“积累策略”扮演了重要的作用。积累策略界定了一个特殊的兼有各种超经济前提条件的经济“增长模式”，还勾画了一个适合其实现的一般策略。这个增长模式要获得成功，它就必须在资本某一部分的领导权之下统一资本流通的不同要素。不过，接受一个既定的积累策略，并没有取消或超越不同资本部分间的利益冲突，但它提供了一个稳定的框架，在此框架内相互竞争和冲突的利益能够在不打断资本流通的一体化的情况下而得到引导。这反过来依赖于资本的霸权部分是否愿意牺牲某些直接的经济法人利益，以确保不同部分之间的妥协平衡。一般而言，任何一个“积累策略”都不是纯粹武断地和一厢情愿地，它必须考虑资本循环和资本国际化的支配形式，考虑民族资本面临的特殊国际形势；考虑社会、经济和政治力量在国内外的平衡；以及考虑承载于国内经济和它的国外附属地的生产潜力中的操纵限度。此外，这种为争夺经济领导权和/或经济支配而产生冲突的空间不仅存在于民族经济中，而且还存在于某一（或更多）民族资本领导下的全球资本循环的整合中。最后，积累策略不仅需要考虑资本的不同部分和其他经济上占统治地位的阶级之间的关系，还必须考虑统治阶级和附属阶级之间的力量平衡。特定策略只有在它为附属的经济阶级以及权力集团中非领导权派系和阶级接受时，才可能真正获得领导权（Bob Jessop, 1990）。

运用杰索普的“策略关系”理论，我们可以初步尝试着勾勒出以下要点。

首先，全球化尽管已然成为我们时代的主要特征，但与此同时，每个国家的角色仍受其社会形态内社会力量之间斗争的影响。由于全球政治发展的不平衡以及每一社会形态具体特征的存在，民族国家仍将是斗争的主要形式。因此，中国的国家建构，无论作为广义的国家自身的建构，还是作为社会体化一部分的国家建构，都必须关注全球化与本土化、普遍主义与特殊主义之间的内在紧张关系。

其次，援引杰索普的“策略关系”方法，就广义的国家建构而言，我们同样可以利用国家效应、国家计划、领导权计划、国家的策略选择性这些概念来推动中国的国家建构。这样一些概念表明，国家乃是一个构想策略的场所和策略选择性的系统。随着中国改革开放的推进以及不断地融入到全球共同体，中国的利益主体呈现出多元化趋势，社会力量也日益异质化。因此，如何整合这些社会力量，如何制度化并维持“妥协的不稳定平衡”以避免社会的断裂和失衡就显得极为关键。在此，除了规范意义上的国家民主建设和制度建设之外，国家通过战略考虑和时空定位建立一个相对闭合的空间也极为重要，“民族国家对缝合过程至关重要：国家在分配上到国际层次下至国家机构层次的权力方面的政策和实践活动是缝合线，它们使得治理体系团结一致。如果没有这样明确的政策弥补治理中的缝隙以及精心安排规制中的劳动分工，那么控制的重要能力将会丧失”（保罗·赫斯特、格雷厄姆·汤普逊，2004）。而相对的时空定位和缝合线的构筑还必须依赖于国家计划、领导权计划的制定。通过国家计划的建立，国家可以限制和调节各阶层之间、政府官员之间以及各阶层与政府官员之间的矛盾和冲突。通过领导权计划的确立，国家则可以进行有效的民族-大众动员，成功地将社会聚合在一起。另外必须指出，国家作为一个策略选择的系统以及策略构筑的场所，其策略往往具有选择性，对不同的社会力量在追求其自身利益时总是具有不同的影响力——这既取决于国家的结构形式，也取决于国家所采取的策略。这种策略选择性无法完全消弭，而只能尽可能地加以矫正。因此，对中国当下的国家建构而言，如何通过国家的制度建设来完善国家的制度形式，以及加强国家的策略应变和调适能力，从而使国家的策略选择尽可能兼顾各阶层利益，这是我们应当努力的方向。而就作为社会体化一部分的国家的建构而言，除了考虑上述已经提及的国家计划、领导权计划以及国家策略，考虑相关的社会基础以及国家话语外，我们同样必须通过仔细考虑资本循环和资本国际化的支配形式，以及中国民族资本所面临的特殊国际形势，考虑中国社会、经济和政治力量在国内外的平衡，确立一个合理的积累策略，从而为国内层面以及国际层面的利益博弈提供一个合理平台。

最后，杰索普的“策略关系”国家理论表明，国家应该回归到社会当中。国家与社会自身都不是一个抽象、同质的实体，而是各自都包含各种异质因素，这些因素的相互关系也是多样化的。国家与社会的关系，究其实质，包含了国家内部各个要素之间的关系，社会内部诸要素之间的关系，以及国家要素与社会要素之间的关系和相互作用。国家嵌入于社会中，并且在一个相互变化的过程中相互作用和影响。如果说杰索普的策略关系理论对中国的国家建构有何启示的话，那么它只不过是再一次验证了这样一个原则：中国的国家建构要顺利推进，它必须基于国家与社会之间的良性互动。

“多中心治理”“治理网络”和“策略关系”的理论为分析国家在治理结构中的地位奠定了理论基础，“多中心治理”的理念可以帮助我们解释国家在全球机制和地方分权之间扮演的角色，以及如何形成政府间的合作机制；“治理网络”的理念可以帮助我们分析政府、公民、市场、社会组织等多元治理主体之间是如何互动，已经如何形成政策网络的；“策略关系”理念可以帮助我们在整体把握国家在复杂的治理结构中怎样起到“元治理”的作用，应在哪些领域弱化自身的功能，在哪些领域强化自身的功能。

第二节 多层次治理结构中的国家

一、全球化与国家权力上移

1. 国家政府的权力流向政府间国际组织

在政府间组织方面，不仅世界性的组织，而且地区性组织的数量也在明显增加，几乎每个洲都在谋求本地区的一体化，并为此建立了各种组织机制。目前全球的国际组织的数目已经多达3万多个，仅政府间国际组织就有4000多个。随着国际交往、对话和协作的日益频繁，各成员国让渡给政府间国际组织的权力在不断增加。这些国际组织在其章程中都明确规定了成员国在享受相应权利的同时，必须承担义务和责任，执行有关决议，遵守有关程序，甚至接受某种强制和惩戒措施。显然这是对国家政府权力的一种限制和约束。以前，如何对本国经济进行管理和调控是一个国家内部的事务，不受任何其他组织和势力的制约和监督，如征税是一个国家政府政治权力的集中体现，但是要加入世界贸易组织首先就要减免关税和开放市场，这显然是对传统政府权力的侵蚀。国家政府权力的让渡在一国出现经济危机请求国际组织协调的时候就更为明显。例如1997年7月泰国爆发金融危机，国际货币基金组织出面援助的条件是要求泰国政府必须按照它的要求紧缩银根、提高银行利率、压缩财政开支、推动企业私有化、关闭部分企业和银行、严格贷款条件、开放资本市场——这些条件无不是一个国家对本国经济命脉的管辖主权的让渡。

2. 国家政府的权力受到非政府组织的制约

非政府国际组织在国际各个领域，尤其是文化交流、环境保护、人权保护等方面的活动日益频繁，数量大大增加，影响越来越大。特别是国家奥委会、国际红十字会、国际足联、世界经济论坛、国际评级机构、罗马俱乐部、多边民间组织等，其影响力甚至在某些方面超过了许多政府间国际组织。作为国际上的“第三部门”，这些非政府组织的活动直接涉及国家主权范畴的事务，从不同角度和层面上或者分享着过去由国家控制的权力，或者创造着新的权力空间。如在环境问题上，绿色和平组织对各个政府环保政策的重大影响已为世人所公认；在人权领域，发达国家的某些人权组织与其政府相互配合，对别国人权状况横加指责和干预；在公共卫生领域，2003年当SARS疫情爆发流行时，世界卫生组织（WHO）不仅要求许多国家和地区按照它的标准和方案进行相关工作，而且相继发出到中国大陆、香港、台湾、加拿大多伦多等地的旅游警告，使这些国家和地区的旅游业遭到沉重打击，只有符合它的标准才能解除这些旅游警告。很多国家（地区）的政府不得不出面进行游说和政府公关，以使WHO解除对本地的旅游警告。

3. 国家政府权力受到跨国公司的侵蚀

跨国公司是经济全球化的重要载体和推动者。跨国公司弱化了国界，模糊了国家利益，约束了以独立为本质的政府权力。权力从政治家手中转向大公司的董事会会议室。这些大公司不经美国政府外交部的协助就可以与东道国的政府直接谈判和对话。有些跨国公司通过威胁要削减成千上万个就业岗位或把生产基地转移到国外来要挟母国达到它所希望的政策标准（如税收和工资成本）。因此，即使在发达国家，跨国公司将会彻底地改变传统意义上的国家与企业之间的关系，力量对比的变化，使原来的保护与被保护、执法与守法的关系转变为讨价还价的谈判磋商关系。在相当多的情况下，跨国公司的利益有可能左右母国政府取向，其对外投资有可能影响东道国的行为。

对发展中国家来说，力量强大的跨国公司更是对政府权力提出挑战。例如，美国前三家最大银行1996年的资产总额为8680亿美元，竟超过拥有12亿人口的世界最大的发展中国家中国的国内生产总值。跨国公司往往从其全球战略出发，始终力图摆脱或削弱对它的监督和管理，侵犯东道国的管辖权。跨国公司利用其遍及全球的国际商务网络，运用转移价格，从事隐藏利润、逃避纳税、抽逃资金、逃避所在国金融管制等活动，干扰和破坏东道国的财政金融政策。对于急于摆脱贫穷、“求资若渴”的发展中国家，不得不向跨国公司妥协和退让，甚至把自己出卖给了跨国康采恩：为了吸引外资而保持很低的生产成本，放弃（弱化）职责，如劳动保护、环境保护等。跨国资本利用自己的强大实力，干预国家政策的制定，并且把自己的利益变成具体的政策。有些东道国政府也采取种种措施，以防范跨国公司滥用转移价格给他们带来损失，但由于转移价格属跨国公司内部价格，乃公司内部商业机密，外人无从了解且更难约束。因此，跨国公司的经营活动对民族国家的对内最高管辖权造成了相当大的侵害。

二、地方分权改革

国家在向地区和世界的“其他演员”共同分享世界政治舞台的同时，也不得不与次国家的权威分享其对于公民的控制，地方分权的趋势不断突出。20世纪80年代，世界上48个大国中只有10个国家进行了地方政府官员的民选，至20世纪末已发展到了34个国家。其中将公共支出的1/4用于地方层次的国家从1990年的45%上升到了1997年的57%。到1998年，73个发展中国家和转型国家中也有63个国家开始承诺实行某种形式的分权。这样，在世界大部分地区都不同程度地存在政治、行政以及财政权力从国家层次向亚国家层次的转移（Lena Hjelm-Wallén, 2000）。同时，许多次国家主体和压力集团经常进入国际政治舞台，地方政府在越来越城市化的世界中发挥着重要作用。国际合作和伙伴制的方式也常常成为地方政府能力建设和体制建设的战略之一。

地方分权也得到了理论上的支持。地方治理研究者承认当今信息社会的复杂、多元、分散，强调并不存在一个单一的治理模式和固定的治理结构，一切都要视不断变化的环境而定。正如简·库伊曼说的，“现在的治理应该能够更好地处理不确定性、不稳定性，甚至混乱、长期的远景，更广泛的定位以及更多样化的生活方式和意义”（Jan Kooiman, 1993）。文森特·奥斯特罗姆、埃莉诺·奥斯特罗姆、戴维·菲尼、迈克尔·麦金尼斯等以制度分析和公共政策而知名的学者也从这一点出发，倾向于从事地方化的、琐碎性的公共资源的利用和公共服务的供给之类的微观实证研究，力图构建理论模型和经验研究相结合的分析框架，从复杂的现实问题中寻找可行的治理之道，而不是雄心勃勃地构建大而无当的宏观理论体系。在2003年的《国际社会科学杂志》（中文版）第2期就以“伙伴制与城市治理”为主题进行了广泛的探讨，其议论之广正是突显了城市治理的日益重要。

按照罗伯特·贝内特的解释，分权化首先表现为在各级政府之间和政府部门之间围绕政治与决策权、事权与财权分配而进行的权力、责任转移过程，它主要表现为权力在政府间平行或垂直移动的过程，具有府际间权力、利益关系调整的属性；其次是指不同层及政府部门在公共事务管理和公共服务中，将相关权力、责任向市场组织与公民社会转移的过程，表现为政府、市场和公民社会的关系结构（Benett, 1990）。

在分权化改革进程中，政府创造了多种分权形式，从权力的属性和影响的主要领域划分，分权的主要类型包括（Cohen，J.and S. Peterson, 1999）：政治性分权，体现为在政府体制的构造结构上政治权力的划分与制衡。地理空间分权，旨在促进地方公共服务资源有效利用及治理网络体系发展。市场化分权，是分权化改革的关键部分和核心方向之一，主要通过政府保护产权、放松管制、赋予市场组织自主经营权利等方式，借助于市场组织固有的对个人偏好显示敏感的优势，发挥市场和企业组织在资源配置中的更大作用。市场化分权的途径包括：民营化（privatization）、解制或放松规制（deregulation）。行政性分权，也是当代政府分权化改革的另一个核心取向，它包括对多种权力和功能进行的调整。行政性分权主要的视点放在政府内层级和功能间的有关权力和利益的分割上。科恩将行政性分权的主要形式归纳为三种形式（Cohen，J. and S. Peterson, 1999）：行政权的非集中化或分散化（deconcentration）、权力下放（devolution）、委托与授权（delegation）。

20世纪80年代以来，伴随着单一制国家的地方分权改革，世界各国的地方治理呈现出趋同的发展趋势。联合国1999年的一项报告显示，在调查的75个国家中，有63个国家积极寻求分权政策，将许多功能和责任移交给地方政府。不仅联邦制国家尊重地方自治和实行法定分权，许多单一制国家也朝着“准联邦制”的方向发展，地方政府的权力自主性明显增强。不论是美国的“竞争型联邦制”、德国的“合作型联邦制”，还是英国的“完全地方自治”、法国和日本的“不完全地方自治”，经过历史的演变，目前已经成为越来越类似的地方治理制度。

三、政府间合作机制的形成

传统的政府间合作建立在行政等级制基础上，各级政府的法律地位和权利义务具有不平等性。20世纪80年代以来，在全球范围内，中央政府与地方政府之间正在形成新型合作关系，即在地方自治和法定分权的基础上，通过自愿性的政策协调和财政补贴建立伙伴合作关系。随着现代社会管理的日益复杂化，中央政府和地方政府的管理职责都越来越繁重。中央政府职责范围内的许多经济和社会管理职能，必须通过地方自治政府才能更好地执行和实施。可是，这些事项并不属于地方自治政府的份内职责。

加之地方自治政府的财力和人员有限，无力履行自身职责之外的其他事项，无法承担社会发展所额外附加的政府职能。为此，中央政府通过财政专项补助的方式，促使地方政府支持并执行中央政策。

伴随着城市化的快速发展，20世纪60年代以来，发达国家的大城市超越了原有的地域界线向周边地区扩展，中心城市与周边地区融为一体，形成了大都市地区和大都市复合体。大都市地区的形成，客观要求各个地方自治政府在交通运输、基础设施建设、社会治安、环境保护等方面互相配合。然而，西方国家现行地方政府格局是在19世纪形成的，许多地方自治政府的管辖范围十分狭小，彼此之间的横向协调又存在诸多问题。例如，纽约大都市区内的政治小单位多达1400个。这样多的独立而平等的政治小单位使合作非常困难，这种情况被称为大都市区治理的“巴尔干化”。随着大都市在国家中的地位越来越重要，中央政府难免要关注大都市发展及其存在的问题。中央政府通过财政补贴、行政指导等多种途径，促成中央与地方合作以及地方政府之间的合作，以更好地解决大都市管理所面临的卫生、住房、供水、污水处理、照明、交通、教育、道路和财政等问题。

近年来，地方政府之间的横向合作关系也获得了长足发展。根据尼古拉斯·亨利对美国政府间关系的研究（尼古拉斯·亨利，2003），从1789年到1940年间，美国各州只签订57项州际合约，但接下来的50年，另外就有122项州际协定出现。平均而言，每个州签订了20项州际合约，许多州与州之间的协议已经演化成为跨州机构。除了州际合约外，美国还有许多诸如政府间协议、地方政府协会、市自治团体协会、县议会协会、城区议会协会等合作机制。由于地方政府的多中心体制存在碎片化问题，难以解决跨区域的垃圾处理、环境污染、公共交通、土地利用、社会治安等问题，地方政府之间通过签订协议或成立联合委员会，可以协调解决跨区域性公共产品和服务的供给问题。20世纪90年代以来，地方政府之间的横向合作，已经不仅局限于协调地方政府间的问题，一些地方政府还通过横向联合形成政治力量，对中央政府的公共决策产生影响。例如，1976年，美国东北部7个州组成东北部州长联盟，凭借统一的政治联盟在国会争取更多的联邦补贴资金。

第三节 多中心治理结构中的国家

全球化的加速发展，推动着国家-社会关系的转型，这表现在自由市场与社会福利之间日益紧张的关系上。推行新自由主义经济政策带来的社会贫富差距扩大，劳动力市场不稳定性的加大动摇了国家的合法性基础，同时也瓦解了资本主义、社会福利国家与民主制度的历史联盟。无论是公共部门、私营部门还是第三部门都不能独立地解决这一问题，需要构建一个国家–市场–社会互动的治理网络。在这一治理网络中，国家不再是最高权威，它变成了多中心治理系统中许多成员之一。国家可以是作为政策主张不同的人士进行对话的主要组织者，作为有责任保证各个子系统实现某种程度团结的总体机构，作为规章制度的制订者，使有关各方遵循和运用规章制度，实现各自的目的，以及在其他子系统（如市场、工会等）失败的情况下作为最高权力机关负责采取“最后一着”补救措施。

由此，国家转型也可以被视为是国家、市场、公民社会三者之间权力结构和权力关系重新调整与塑造的过程，他强调政府与公民、市场和社会组织合作治理的网络结构。主要体现在以下三个层面。

一、公民参与

治理，尤其是善治实际上是“国家的权力向社会的回归”，“是一个还政于民的过程”，体现的是政府与公民之间的积极而有成效的合作，因此，正如有学者所说的“地方治理是公民参与公共生活和公共事务管理的天然实验场”（孙柏瑛，2004）。治理的理念及其分权化的制度设计为公民进入并影响地方公共政策过程开辟了广阔的空间，它所要求的不是简单地将权力下放给正式的地方政府，而是积极地将地方居民纳入到其社区的治理之中。伴随着公民社会不断发展强大，公民越来越成为处理公共事务的参与主体之一，公民参与治理的角色主要有（孙柏瑛，2004）：（1）

地方选举的投票者；（2）公共服务的享有者或消费者；（3）表达一定利益取向，影响特定公共政策的社区公民；（4）参与社区公共服务提供，成为政府共同生产公共服务的合作伙伴。

就公民参与对治理发展的重要意义来看，学者们从多个角度进行了归纳。卡罗尔（Barbara Carroll）等人从五个方面概述了公民参与对于公共利益的体现和地方治理绩效的积极意义（Carroll B. and C. Terrance, 2001）。其一，公民公共参与能够提高政治系统的代表性和回应能力；其二，公共参与能够增进政府与公民之间的相互了解和信任，消除二者间的疏离感；其三，公共参与可以增进政治团结和社区整合，通过合作网络实现地方公共事务的共同治理；其四，公共参与可以促进政府政策制定和执行的合法化，并使公民更加理解和服从公共政策；其五，公共参与能够发展公民个人的思想感情与行动力量，体验公共生活的价值，引导和促进公民政治参与文化的发展。

近年来，发达国家将地方自治政府的部分权力向基层社区下放，由社区居民组成的各种社会团体（邻里法人、邻里协会、邻里社区协会等）自主管理自己的事务。戴维·奥斯本和特德·盖布勒指出，“我们的各级政府开始把公共服务的所有权和管理权从官僚和专业人士手中夺回来交给社区。”而地方治理运动倡导公民广泛参与，具有三个方面的重要功能：（1）开启双向社会沟通渠道，征求和获取有关公共政策的信息，以便政府明确界定公共政策问题，厘清公共政策目标；（2）授权于社区公民，推动地方政府与公民组织分享公共政策制定和执行的权力，使公民能够在关系社区发展的重大决定拥有影响力；（3）以契约、协议、自愿救助、公益慈善等多种参与方式，直接投入社区公共服务的生产，承担起社区一部分公共事务的管理责任（孙柏瑛，2004）。

二、市场机制

作为治理重要内容之一的新公共管理运动的一个主要特征是“将市场机制引入公共服务组织的运作中来，即实行公共服务的市场化”（Kieron

Walsh, 1995）。市场取向的行政改革对于传统的政府公共管理模式是一场巨大的变革，它已经并将继续对政府公共管理产生深远的影响。他主要有以下集中模式：一是私有化。私有化，是指将原先由政府控制或拥有的职能交由企业私方承包或出售给私方（斯蒂夫·U. 汉克，1989）。其中最主要的形式是出售国有企业。二是公共服务的付费制。该模式认为，对于一些公共服务应当采取收费的方式，其主要目的是想通过付费把价格机制引入到公共服务中来。三是竞争与合同制。把竞争机制引入公共服务领域最常见的途径是采用合同制，即由公共部门和政府作为顾客与委托人，同代理人即那些真正提供服务的组织（公营的或私营的）签定合同。政府的职责是确定需要什么、签定合同并监督绩效，具体的服务则由缔约的另一方来提供。这样政府就成为真正的管理者，而不再是提供者。合同制对政府起到了“卸载”的作用。四是内部市场。内部市场是市场机制中应用范围比较窄的一种方式，其最大的特点就是将提供公共服务的政府部门人为地划分为生产者和购买者两方，这样在政府组织内部就产生了“生产者”和“消费者”两个角色。它主要是在英国行政改革中得到了广泛的应用，并成为英国行政改革的一大特点。五是自由化与放松管制。自由化主要体现为放松管制。这在北美的行政改革中比较盛行。其基本的观念是“政府无效率的主要原因是对管理层进行干预控制的内部规制和规则的数量太多，它们包括人事规则、僵化的付酬制度、预算规则、具有约束性的采购法则以及许多别的规制。基本的假设是，如果公共组织能够清除这些清规戒律，它就能更加具有灵活性和效率”（盖·彼德斯，1996）。放松管制包括放松市场管制、社会管制和行业管制等，其重点是放松市场管制。

三、社会组织

治理的兴起从整个社会的治理结构上打破了国家和政府对权力资源的垄断。正如美国政治学者罗伯特·达尔认为，政治资源的配置方式直接影响着政府公共权力的治理边界。在传统的农业社会，政治资源呈“累积–集中”式散布，政府能轻而易举地垄断社会中重要的政治资源，由此所导致的社会利益分化不足使其自身难以孕育出成熟的、能够染指公共事务治理的非政府组织，社会权力不能有效地制约公共权力，政府成了公共事务治理的核心力量；而在现代工业社会，政治资源呈“弥散–辐射”式散布，非政府组织能够在政治资源的配置中占有一席之地，这样，多元利益中政治的“合法印章”（罗伯特·达尔，1987）就使得原来传统的“封闭–单子式”政府逐渐演变成了现代的“开放–参与式”政府，与此相适应，政府公共权力的治理边界不得不在适当的领域缩减，而作为社会自治力量代表的非政府组织也就自然在适当的领域扩张，并一跃成了公共事务治理领域中的“关键加入者”。随着市场逻辑、法治理念在现代社会中的进一步扩展，传统“自上而下”式的政府权力授予模式被打破，来自“下面”的、来自“外部”的压力（莱斯特·萨拉蒙，2000）不仅增强了社会权力对政府公共权力的制控力度，而且也为非政府组织的发展提供了契机。大量的非政府组织纷纷开放自己的组织边界，表达组织利益，汲取资金支援，传输组织理念，一场如火如荼的“社团革命”正在全球范围内展开。

20世纪70、80年代以来，无论是在民族国家内部还是在国际社会中，民间非营利、非政府组织都以惊人的速度蓬勃发展，形成了一个遍及全球的第三领域。第三部门研究的权威学者赛拉蒙教授称之为一场全球性的“结社革命”（莱斯特·萨拉蒙，2002），他指出，“如果说代议制政府是18世纪的伟大社会发明，而官僚政治是19世纪的伟大发明，那么，可以说那个有组织的私人自愿性活动也即大量的公民社会组织代表了20世纪最伟大的社会创新”（莱斯特·萨拉蒙、赫尔穆特·安海尔，2000，P257）。这些非政府组织不仅深刻改变了发达资本主义世界，促进了社会的多元化、民主化发展，也在很大程度上推动了治理理论的形成，成为社会科学研究中一个引人注目的分析概念。

第四节 国家角色的转型

国家角色的转型经常被理解成国家职能的转变，以重新勾画国家能力与行动范围的版图。从治理的框架分析，国家角色转型表现为国家在履行传统职能时，不断调整国家-市场-社会的关系，大致而言，国家没有放弃对市场的管制，同时在坚持市场经济基本原则的基础上防止社会全面市场化的趋势蔓延，又开始进行社会福利改革；另一方面，由于全球-国家-地方的多层治理结构的浮现，国家主权和国家自主性的形式必须创新。

一、国家-市场-社会关系的调整

虽然“在私营部门的经营能够更有效率、而且政府也足以保护消费者利益的情况下，把若干企业由国营转为私营自然是一种有吸引力的选择”（弗雷德里克·C.特纳等，2001），但这远不能推导出新自由主义所主张的全面私有化结论。市场机制要发挥作用离不开国家的政治体制和政府的经济政策，因而国家向市场放权并不等于减弱其经济控制力，相反，作为一种公共权力，国家总是能在市场中体现其存在的必要性。国家和工业体系之间有着无法摆脱的关联，这在信息化的全球资本体系中表现为不同的形式，但无疑仍是这一体系的最重要特征。在经济生活中，尽管国家仍要扮演“解除管制”的角色，但它作为最后被求助者的作用已变得越来越重要，特别是在为商业活动制定适当的发展策略时。在某种意义上说，作为规制者的国家只有“在推动资本积累的同时才能获得新政体的合法性”（M. Keaney, 2001）。与此同时，国家也必须在产权和行政上提供必要的保护。特别是对转型国家和发展中国家来说，民主与法治的制度框架是市场良好运作的基础。在转轨经济中，“产权的不安全往往比资本市场的缺陷对企业发展的阻碍更大”（钱颖一，2000）。内基佩罗夫指出：“俄罗斯市场畸形”是产权受到深度扭曲而引起的，要将俄罗斯经济转变为真正的市场经济，建立保持经济稳定、使经济按照社会需要发展的规范性机制，就必须使产权合理化（亚历山大·内基佩罗夫，2001）。国家只有在不直接干预经济的前提下以经济交易中第三方的角色来界定和保护产权、执行合同和法律、公平裁判以及维护市场竞争，才能保证企业的独立自主和市场的透明度。

同时，随着私有化政策的实施，国家的管制方式必须进行相应的变革。私有化尽管存在着种种问题和错误，但重新国有化可能会造成更大的损失。弗里德·布劳克指出："新的制度化的解决方法要比简单地扩张国家对经济的管制权力更高明。"（Fred Block, 1987）对于竞争性行业而言，由于私有化政策并没有从根本上改变市场的竞争程度和行业属性，因而对这些行业中的企业，政府除了在产品和服务质量等方面进行管制外，主要是鼓励企业自主决策、参与市场竞争。而对于一些垄断性行业，如电讯、电力以及天然气等行业，政府不可能完全放任不管。英国就在避免政府直接控制与干预的原则下，要求每个实行私有化后的垄断行业都成立一个独立于政府的管制机构，如电讯办公室和天然气办公室。

国家不仅要继续扮演自由市场的建构者、守护人的角色，还要利用和改善广泛的福利政策以实现社会公正。无论从理论上还是从实践中看，在未来社会中，福利政策不会被削弱，而是以一种更有利于维护公民利益的形式存在。这无疑是各国政府获取民众支持，稳固其统治的必然选择；也是西方福利主义共识达成后不可轻易放弃的社会政策。放弃福利制度意味着将激发比坚持它多得多的社会矛盾，由此产生的社会代价使自由社会的一体化能力不堪重负。因此，各国政府与其废除国家的种种福利政策，还不如根据各自认定的主要战略和主要社会风险，采取不同的社会政策组合，或者是以更有效的方式方法履行福利职能。

在各国福利制度中，最常见的问题就是如何解决经济效率和自由与社会保障之间的关系，即如何将经济自由与民主结合起来。而要在世界经济的风浪中维持并强化竞争力，同时尽可能少地牺牲社会团结和互助，就必然要求国家采取新的政策工具来缓解由发展经济所带来的社会和政治的副作用。

事实上，全球经济的发展不只对福利国家产生了负面影响，它也会对强化现行福利政策起催化作用。在一些南欧国家，如意大利、西班牙、葡萄牙和希腊等，面临欧洲一体化和经济全球化时它们失去了一些自主性，但这并没有使它们急剧削减社会保护，相反，它们在为平衡经济而减慢社会支出的增长速度的同时，也寻求更有效的管理方式和不断提高对弱势群体的保护。20世纪70、80年代南欧的福利国家并没有大肆推行私有化和削减社会开支，国家仍然基于公民身份提供卫生保健服务和其他社会服务，普遍的社会政策并未中断。到了90年代，成本控制机制虽然被引入到福利政策领域且表现得十分有效，但另一方面，这些国家也开始将再分配的利益推广到以往被社会排斥的群体，将社会保护更为普遍化（Ana M. Guillén and Santiago Álvarez, 2001）。可见，在南欧国家，全球化与社会政策改革之间的关系是良性的，这些国家将全球化理解为达到欧洲一体化的需要。全球化的压力通过提高社会政策水平得到了缓解，新的不平等的出现促使一些社会政策领域采取更多的重新分配机制和方式，促使这些国家更加照顾社会中老人和残疾人的利益，关注家庭和工作的和谐、性别平等和社会包容等等。

如此而观，福利国家的衰退与全球化压力之间并没有直接联系，它与各国基于意识形态的政治经济选择之间有着密切联系。各国应对全球化的政策尽管不尽相同，但比较一致的看法是，社会开支的减少并不等同于福利国家的衰退，随着国家提供社会福利的原则和方式的调整，社会福利的效果可以有所提高，但是这些钱要正确使用和分配，用最少的投资发挥最大的作用，使社会繁荣起来，使公共财富增长起来。这种既让传统福利国家功能适当萎缩，同时提高福利质量、改变福利政策实施方式的做法在经济发展和社会公正之间保持了一种新的平衡，从而越来越成为福利国家改革的主要方向。

一方面，国家在制定和执行社会福利政策方面，自救自助原则将替代普及性覆盖原则。这在“第三条道路”的社会政策中已见端倪，其倡导者吉登斯主张福利国家需要从观念到结构进行更新：重新界定政府与个人之间的契约关系，改“福利国家”为“社会投资国家”，从个人争取政府的保护，转变为个人寻求“自主与自我发展”，政府的功能应当从提供经济援助改变为进行人力投资（吉登斯，2000）。

另一方面，改革国家实施福利政策的方式也已势在必行。“补偿性的”福利政策将被提供资源、培养能力的福利政策所替代（Fred Block, 1987）。在许多发达国家已经开始进行就业培训和再教育活动，政府也越来越采取开放姿态和境内外多种组织合作，以发挥它们对福利制度的积极作用。

国家要有效地履行传统职能，不仅要合理界定其职能范围，将经济发展和社会保护结合起来，还要建立广泛参与、高效、灵活的行政管理体制。在公共行政领域，“新公共管理”运动迎合社会发展需要，对战后发达国家长期和平及与之伴随的经济增长形成的一系列特殊社会条件作出了回应（Christopher. Hood, 1991），但这只是从内部技术层面对公共行政进行了改革，公共管理的转型更需要在外部的政治层面寻求新的理论支持。不仅如此，全球性的社会变化，形成了一个由大型组织所构成的多中心社会，在这个社会中，影响力和政治权力转移到了一些集体行动者手中，如何在功能分化的社会中提高官僚制政府的效率，需要有新的思路。因而，对“新公共管理”缺陷的补救甚或是对其改革方式的替代，必须从公共管理领域逐步延伸到政治学领域。

对此，已有一些学者作出了努力。罗伯特·B.丹哈特和珍妮特·V. 丹哈特针对新公共管理“掌舵而非划桨”的缺陷，提出了新公共服务理论。在他们看来，“政府独自掌舵”的局面必须改变，公民才是治理体系的中心位置，“公务员的首要作用乃是帮助公民明确阐述并实现他们的公共利益，而不是试图去控制或驾驭社会”（罗伯特·B.丹哈特，珍妮特·V. 丹哈特，2002）。与此同时，格利夫和杰普森基于丹麦的公共管理改革经验提出了公民参与理论，倡导公民广泛地参与到公共行政过程中去，通过对行政决策施加影响、对行政过程进行监督，通过与公共部门展开合作，提高公共部门的行政绩效，满足公民对公共产品的需求（Carsten Greve and Peter Kragh Jespersen, 1999）。无论是新公共服务理论还是公民参与理论，公民都不再被简单地视作为市场经济中的“顾客”，而是政治活动的参与者。这种视角的转换反过来也动摇了政府作为唯一的公共服务提供者地位，形式多样的组织，如社区共同体、各种委员会、自愿性社团，都可以为公民实现自身的政治权利提供有效的途径。这其中如何通过合作、协商、伙伴关系、确立认同和共同的目标等方式处理公共事务成为主要关注的内容。

从上可见，如何有效地利用市场的分配职能和信息职能，而不必为此付出诸如不平等扩大之类的社会代价，仍然是西方国家所面临的重要问题。解决这个问题，或至少把为此付出的社会代价维持在人们可以接受的范围，不仅需要国家在履行传统职能的过程中，超越反国家、亲市场和亲公有制、反市场的传统立场，寻求一种发展公私伙伴关系和合作性自助的新途径，也需要国家采取积极的福利政策，以体现“富有社会责任的全球化”（Bob Deacon, 2001）理念。相应地，公共管理的方式也要随之实现转型和发展，国家在借助于非官方机构实施公共政策的同时，也要为这些机构提供资源、保护和合法性。只有在经济领域、社会政策与政府能力三个方面彼此契合，国家才可能有效地履行传统职能。

二、全球-国家-地方治理体系的形成

全球化进程的加速使国家这一政治共同体在几乎所有重要政策领域都被卷入到区域和全球层面，遭遇大量新的、跨边界的协调和控制问题。国家尽管不会回到“美好的旧时光”，但要成功地解决和平、发展、裁军等问题，利用民主程序控制生态和经济危机，有效地遏制传染病的扩散、有组织犯罪现象的蔓延，它就必须重新获得权力，开拓新职能。面对一个多元权威并存的治理体系，各国决策者所面临的挑战绝不是从治理领域全部撤出，而是应学会怎样适应和驾驭国际经济的新组织。

具体而言，国家首先要承担起元治理的角色，国家既是更广泛社会中的一个组成部分，也是保证该社会的机构制度完整和社会凝聚力的责任承担者。其次，面对激烈的国际经济竞争，国家必须在提高本国企业的竞争能力上有所作为，从积极的意义上说，国家要肯定全球化的正面成果，

扩大自由市场的开放度，鼓励创新、保证新技术和新企业的收益，调整国内经济的生产结构；在消极的意义上说，国家要对资本、金融市场和跨国公司进行一定程度的政治管制，并且促使这种管制朝制度化方向发展。最后，国家要加强国际间合作，以解决全球化带来的一系列问题，最典型的如环境污染、国家安全、移民和公民身份等问题。

在第三章中，我们指出杰索普主张构建一个“自组织的组织”来尽量避免由于新旧目标之间的冲突可能会造成治理的失败，这种“元治理”的角色需要由国家来担任。杰索普的“元治理”概念体现了国家理论、规制理论和商谈理论的融合。国家不仅是各个子系统实现某种团结的主要组织者、规章制度的制定者，也是子系统失败时最后求助的对象。据此，国家自上而下发号施令或集权的程度应该弱化，经济统制应该减轻，取而代之的是充分的信息沟通、平等对话与协商机制。而社会、国家等制度化形态都由部分的、不稳定的、临时的但又是可加总的对象组成（Mark J.Smith, 2000），这既使各组成对象之间的差异性和平等性成为可能，也使国家成为不可缺少的连接因素。这样，国家在合法控制经济资源与凝聚社会利益之间取得了平衡，在元治理中发挥了重要作用。

国家担任元治理角色，必须平衡地方、国家、地区、全球各层次的治理，并相应地协调它们的行动。这要求国家首先应积极参与全球化进程。在今天，如果不积极参与到全球经济中去，几乎没有国家能够取得发展。由此，政府要加大经济开放的强度，不仅对于国内市场而且对于国外市场，不仅对于商品、金融市场，而且对于劳动力市场或邮电、航空等其他领域。此外，国家宏观调控框架要有新的突破，特别是要废除妨碍跨国经营的规则，逐步放松对外国投资的国家调控，刺激资本流动和公司之间合作协议的签署；各国要充分发挥技术进步在经济事务中的重要作用，利用计算机和电信领域的技术进展对经济结构进行调整。

全球化不仅给各国经济发展带来机遇，也给人类生活带来了巨大挑战。当前金融市场的制度构成和市场管制方面的缺陷以及私人手中拥有的大量流动资金，都严重限制着各国政府采取协调行动的可能性。与此同时，日益频繁爆发的金融危机也使国际货币基金组织所极力推进的金融稳定模型和各民族国家自身制定的经济政策陷入了进退维谷的境地。但是，这都不意味着对经济的管理已不再有必要或者不再可能。面对这些挑战，国家不能放弃对自由流动的资本、金融市场、跨国公司以及国家的债务结构进行政治管制。除了经济事务，日益凸显的跨国或全球性问题，也需要国家的积极作为，这在第三章中已有论述。

从上可见，全球市场、技术和社会正处于快速转型中，政治权威被不同的力量和机构在国家、地区和全球各个层次上分享并交换，不断增加的压力开始塑造一个新的国家。这种变化包含了一种延续性，即在保持基本任务、功能的前提下，结合新的历史条件开辟新的任务、功能。因此，民族国家必须要对其所面临的压力有一个合理的认识，并在此基础上进行权力扩张和体制创新，从而使自己有能力适应国内外提出的种种新要求。未来几十年国家新职能的涌现会带来什么后果，目前尚不能完全预见，但可以肯定，这会促进一种新市场和新国家的联盟以及“非领土”政治认同感的形成。

第五节　国家建构理论的兴起

在第二章和第三章的讨论中，我们可以进一步指出，对于发展中国家而言，治理的兴起不仅是国家角色的转型的问题，更是现代国家建构的问题。“民主国家”建构的不足，使得发展中国家难以克服治理的风险，也难以形成良好的治理体系，这推动了对国家建构理论的兴起。

自1985年埃文斯（Peter B.Evans）、鲁斯奇迈耶（Dietrich Rueschemeyer）和斯科克波尔（Theda Skocpol）的《把国家找回来》（*Bring the State Back In*）（Peter B. Evans, Dietrich Rueschemeyer, and Theda Skocpol, 1985）出版以来，西方政治学界掀起了以“国家为中心”的国家主义（statism）研究的理论范式转换。一时间，以国家主义、国家建构、民族建构、强/弱国家、国家自主性、国家能力、国家制度建构为核心术语的“国家回归”的理论浪潮席卷整个西方政治学界。历史学家、社会学家、经济学家、政治学家分别从历史社会学、历史制度主义、理性选择等不同理论视野和研究范式出发，讨论有关国家和政治、经济发展的各类相关问题。20世纪90年代以来，中国学者王绍光和胡鞍钢编著的《国家能力报告》以及《第二次转型：国家制度创新》出版问世以来，国内一度掀起了重新研究国家问题的热潮，集中讨论了转型期中国政治经济发展问题中国家的作用、国家能力和制度建构等问题。

一般而言，国家建构与国家能力建构乃至国家制度能力建构的研究，大体上源自于发展中国家的发展困境所导致的两个理论来源。一是国家建构（state-building）的来源。发展中国家特别是亚非拉发展中国家的建立，首先发源于摆脱殖民地的奴役获得解放的伟大历史事件，而这一历史事件是伴随着民族建构（nation-building）和国家形成（state-formation）或国家缔造（state-making）这两个二元过程同步展开的，前者确立了国家认同的精神与合法性基础，后者奠定了对领土范围内暴力合法运用的垄断资格和主权国家的地位。而由于前殖民地的历史身份，民族国家的建构又伴随着依附与独立发展的历史困境，如何找到适合自身民族特色的国家发展方向始终是困扰发展中国家的一大历史重任。二是进入20世纪90年代以来，伴随着全球化和经贸一体化的发展进程，发展国家出现了大范围的治理与合法性危机，其中不可治理性（ungovernability）导致了国家认同和统治合法性的危机，有些国家深度陷入了失败国家（failed stateness）即统治失效和合法性丧失的地位。

美国学者罗伯特·卡普兰（Robert Kaplan）在《巴尔干的幽灵：即将来临的无政府状态》中指出：“贫困地区的分别呈现出一个半月形的弧线，从撒哈拉以南的非洲开始，延伸到中东比较贫困的国家，然后到巴尔干和东南欧国家的部分地区，原苏联的部分地区和中亚，之后是蒙古、阿富汗、巴基斯坦、印度，可能还有中国以及南亚、东南亚的其他大部分地区，最后终结在印度尼西亚的太平洋诸岛、菲律宾和东帝汶。在这个贫困的弧形内，存在着巨大的不稳定和动乱的潜在危险。”（维亚尔达，2005）从这些国家整体的政治经济发展状况和趋势看来，这些国家往往存在着基础设施匮乏和制度不健全的特征，政治、经济和社会处于不稳定的危机状态中。内乱、分裂和解体的危机四伏，这种状况被称之为“不可治理性”（ungovernability）和“失败国家”（failed stateness）。美国人甚至将某些“失败国家”称之为“无赖国家”。海地、索马里、塞拉利昂、扎伊尔、利比亚、乌干达、阿富汗和科索沃等国家都被认为是“失败国家”的典型代表。一方面，这种状况导致了国内的国家认同和统治合法性的危机。另一方面，对国家政治经济秩序构成了严重的威胁，从而引发了一系列外交或军事干预事件的发生，为全球治理带来了巨大的障碍和阻力。所有上述问题都为国家以及相关的国家能力建构和制度建构从而恢复统治合法性提出了挑战和机遇。此外，对于走出“失败国家”阴霾的发展中国家而言，全球化治理如跨国治理和主权问题，毒品以及反恐合作问题，世界贸易一体化都对这些国家强化国内制度建构，应对全球化带来的各种风险提出了课题。这些国家虽然避免了“失败国家”的厄运，却无力摆脱依附发展的命运，新帝国主义的崛起为这些后发展国家带来了各种各样的新问题，发展的道路和前进的方向无不受制于发达国家的引导和钳制。20世纪80、90年代以来拉丁美洲的自由化和私有化改革的失败以及东亚金融危机的动荡和混乱为新一轮的国家建构提供了新的历史契机。当西方国家从福利国家向后福利国家过渡期间，新自由主义经济学家掀起了有关缩小国家权限，放松管制，重塑政府或政府再造的浪潮。20世纪80年代以来，西方政府发动了一场规模宏大的私有化改革运动，特别是自里根主义和撒切尔主义新自由主义在意识形态领域居于统治地位以来，西方国家掀起了以私有化、去中心化为导向的市场化改革浪潮，私有化、分权、放松管制、结果控制、绩效评估成为了改革的中心内容，拉美等发展中国家尾随其后，开始了以私有化自由主义市场经济为特征的改革化运动。这种以市场化、私有化为特征的结构调整被称之为“华盛顿共识”。但改革的效果却出现了严重的分化，西方国家出现了较好的政府商业化管理的效果，而拉美则出现了“国家失败”（failed stateness）——政治混乱、社会分裂、金融危机等一系列恶果。而两个最无视“华盛顿共识”的国家——印度和中国——取得了令人瞩目的经济成就，诸如阿根廷和印度尼西亚等“华盛顿共识”的忠实追随者却付出了社会和经济代价（黄平、崔之元，2005）。事实证明，前者之所以取得了改革的成功，乃是由于前者在建立“小政府”的同时，强化了政府其他机构职能的有效性和执行力。而更为重要的是，前者的改革运动是建立在完善的制度基础之上的。与“华盛顿共识”导致的“拉美陷阱”形成共鸣的另一个发展中国家发人深省的历史事件就是发生在20世纪90年代的亚洲金融危机，东亚国家在“华盛顿共识”的理论暗示下贸然采取了开放国内金融资本市场的政策，结果陷入了严重的金融危机。正如著名国际政治经济学家罗伯特·吉尔平指出的：“这些正在迅速工业化的国家犯了严重的错误，它们在建立起能保障本国金融系统稳定的法规条例和机构之前，就降低了外国资本流入的壁垒。这种失策使金融投机毫无顾忌，其他违规活动也乘虚而入，1997年后这些国家被抛入金融危机之中。”（吉尔平，2006，序言）“拉美陷阱”和亚洲金融危机的例子从比较的视野向发展中国家的国家建构特别是国家能力建构发出了警示，只有建立一个强有力的民族国家和符合自身历史与国情需要的国家建构道路，才能在未来全球化的竞争与合作中寻求共赢的应对策略与发展模式，舍此别无选择。

国家建构与国家能力建构的有关讨论始于国家主义范式的兴起和对国家理论的重新关注。国家主义理论范式形成的标志是埃文斯（Peter Evans）、鲁斯奇迈耶（Dietrich Rueschemeyer）和斯科克波尔（Theda Skocpol）编辑的论文集《把国家找回来》。此书对多元主义和马克思主义以社会为中心的研究视角提出了挑战和质疑，强调了作为独立行为者，国家具有自主性，国家结构和能力对社会政治进程产生了积极的影响。此后，围绕国家主义的讨论和著作大量涌现出来，其中批评者纷纷指责国家主义的研究路径犯了国家决定论或单方面政治决定论的谬误。首先，国家主义（statism）在解释国家行为或政府政策之时，强调了地缘政治国家利益特别是国家之间军事对手的优先性；其次，国家主义意味着“将社会踢出去”（kicking society out）。针对这一批评，国家中心主义路径的另外一位代表人物政治经济学家琳达·维斯（Linda Weiss）指出：“严格地说，国家主义的解说意指着对集中于以国家为中心特征的国家行为的解释……对比之下，地缘政治的或国家体系的解说会集中于国家间关系的军事和政治方面。”（Linda Weiss and John M.Hobson, 1995）这种国家主义忽视了国家与社会之间积极的互动关系，而斯科克波尔所意指的国家主义是一种对关系的全面研究视角，是一个以国家与社会关系为研究中心的范式。为了将国家主义与国家决定论区别开来，维斯提出了新国家主义的术语，意在强调在“把国家找回来”的同时，不能“将社会踢出去”，新国家主义（neostatism）是一种主张国家与社会良性互动的学说。

国家主义与新国家主义涉猎的内容广泛，而从基本概念而论，主要包括国家建构（state-building）、国家能力（state capacity）、国家能力建构、国家制度能力建构。按照斯科克波尔的说法，国家建构包括两个组成部分，即国家自主性和国家能力。所谓国家自主性（state autonomy）是指国家作为控制一定领土和民众的机构，可以制定和追求并不简单反映社会组织、阶级或整个社会的需求和意愿的目标。而所谓国家能力（state capacity）是指国家执行其正式目标的能力，特别是面对力量强大的社会组织的实际或潜在的反对，或者是在一个社会、经济不利的条件下。简单地说，国家自主性是指国家独立于社会自我决策的程度，国家能力是指国家通过社会执行其政策的能力。前者是在政策制定层面讨论国家有多大独立于社会的自由度，后者是在政策执行层面讨论国家通过社会达到其目的的能力（朱天飚，2006）。显然，斯科克波尔所设想的国家能力是从国家的执行力和统治效力方面对国家建构和国家能力加以界定和阐述的。

类似地，美国学者福山也给出了近似的定义，“国家建设就是新政府机构（制度）的创建与现有政府机构的加强”（Francis Fukuyama, 2004）。这也就是说，首先，福山认为国家建构就是国家能力的建构；其次，他虽然并未从国家自主性与国家能力的联系中探讨国家建构与国家能力的关联性，但却从国家强度（strength）出发，对国家建构即国家能力建构进行了界定；再次，他认为国家能力建构就是提高国家的强度，而所谓强国家或强政府并不是通常所理解的权限广大、规模宏大和效力低下的全权主义政府，前两个方面涉及国家的“或大或小”的问题，后者涉及“或强或弱”的问题；最后，福山并在此基础上提出了“小政府，强政府”的国家建构的构想。

根据另外一位研究国家能力的学者罗伯特·杰克曼的总结，国家能力与国家力量（强度）和政治效能（effective）密切相关，后者是衡量国家能力的重要尺度和基本维度。而根据对国家力量这一问题的研究文献所显示，大体上会将国家力量等同于规模（size），即权限和掌握资源的规模大小，以及具有自主决策能力的行为者，即国家自主性和执行力。从杰克曼的讨论中，他倾向于采用后一种视角。这种提法与斯科克波尔和福山的提法极为类似，即国家建构就是国家能力建构，而建立强国家的目标不是要扩大国家的权限和规模，而是要增强国家的执行力和统治效能，增强国家的制度能力。这与我国学界一提到国家能力就会联想到强国家、国家主义，一想到强国家、国家主义就会联想到法西斯主义、全权主义、全能政府的理解完全不同。沿着这种强国家的国家能力建设的思路，维斯和霍布森具体提出了与强国家有关的分析变量和比较与历史的解释框架。二者根据现代国家与经济发展的制度性比较考察，又将国家能力分为渗透能力、汲取能力和协调能力。渗透能力蕴含了国家达致以及直接与民众互动的能力，意志、政策与目标的实现程度；汲取或提取能力，是指国家从社会中汲取资源（包括物质资源和人力资源，无论是捐税、战争、福利、发展还是别的方面）的能力；协调能力，是指政治经济权力行为者之间的互动关系。随后，维斯和霍布森结合比较政治经济学的研究，提出了强国家的国家能力建构对经济建设的积极作用的四个基本假定：（1）强势经济要求强大的国家；（2）国家强度的变动性（changing substance of state strength）；（3）协调能力的重要性；（4）非零和博弈：强国家强化了社会的能力。

进而言之，根据福山的说法，国家能力建构，从根本上就是国家制度能力的建构。具体说，他认为国家制度能力建构需要解决以下几个方面的问题：（1）组织设计与管理；（2）政治体系设计；（3）合法性基础；（4）文化与结构因素（福山，2007）。第一方面属于管理研究的领域，主要应用于私营部门和公共部门的管理。第二方面主要涉及整个国家层面而非个别机构的政治与法律制度的设计。第三方面与系统性的制度设计关系最为紧密。它要求国家制度不仅要在行政的意义上运转良好，而且要获得合法性的认可，其中民主与善治是这种合法性的基本特征和要求。与制度能力相关的第四方面是隐藏在政治之下的规范、价值和文化，后者是前者提供了精神动力和智力支持。加强国内制度建构是发达国家针对政治经济全球化的要求做出的自觉性制度调整和政策转型，更是对发展中国家的一次重大挑战。

第五章　中国现代国家建构的历史考察与现实挑战

全球化的发展已然对国家主权构成了挑战，治理的兴起更是冲击了“国家主义”的分析框架，在新的政治经济环境中，国家角色必须转型。应该说各个国家由于其制度和历史的特殊性，在不同的时期和形势中表现出不同的转型路径。许多发展中国家的转型方式也并没有照搬西方国家的模式，将改革的重点放在塑造国家、市场、社会三元对等的格局、强调国家只是治理网络中的一员上，而是着重国家的制度建设和民主建设，并且辩证地引进“治理”的理念来改革国家，开辟出一条现代国家建构的路子。这种国家建构的理论和实践经验无疑丰富了国家理论，也成为一种国家转型的理论。

现代国家的建构是一个不断寻求国家与社会、市场关系合理化的持续性历史进程。这种持续性不仅体现在单个民族国家发展的过程中，而且体现在诸多民族国家发展的共时性和历时性上（宁骚，1995）。中国具有自己独特的国家历史和制度传统。她的建构过程有其历史特殊性，但在现时代她也遇到了普遍性的问题和挑战。对中国国家建构的考察将为国家转型理论提供范例，也为发展中国家的国家建构提供经验。在这一章我们首先回顾中国现代国家建构的历史和挑战，下一章我们将会针对中国遇到的现实问题，在治理的框架下，提出若干国家建构的实现路径。

近代以来的国家建构并非处于孤立的状态，而是在现代性的全球扩张中进行的，因此带有明显的全球性与本土性冲突与结合的痕迹。在某种程度上说，1978年以来的改革开放可以被视为中国近代以来最全面的国家建构过程。这样说有两个主要原因：一是国家从一个利用计划全面控制社会经济生活的角色转变为有目的地放松控制，重构社会经济结构，培育和发展市场经济和社会力量并调整政治权力运行的角色；二是国家建构并不是在封闭环境下进行的，而是在全球背景下，参照先行国家的经验进行的。

第一节　中国现代国家建构的历史过程

自秦以后，中国就有一个凌驾于社会之上的强大的专制国家机器。公共权力配置的单极化和权力运用的单向性特别突出。公共权力资源完全为国家所垄断。国家与社会、统治者与被统治者的界限凝固化和静态化，不得“僭越”，公共权力为自上而下的单向性使用而不受社会制约。因此，在传统中国，政治为极少数人所垄断，治理主要反映一种关系，而不是公共决策过程。尽管国家正式权力只达到县（即“王权止于县政”），县以下实行乡村自治，但这种有限的乡村治权是便于国家统治由国家所让渡，自治权不得脱离国家政权。特别是乡村自治是以血缘家族为基础的。在家国一体的社会结构下，乡村自治被结构化于国家中。尽管社会中存在诸如宗教信仰团体等民间组织，国家可以利用强大的统治力将其整合在统治秩序之中。因此，在传统中国，国家控制社会并覆盖着社会，社会的自主空间极其狭小。其结果是被统治的意见无法在体制内得以有效表达，其利益也得不到体制性保护。当社会不均衡积累到严重冲突时，被统治者只得寻求暴力方式推动权力的更迭或者强制剥夺的松动。这即是中国传统中所说“一治一乱”的历史周期格局。而在权力更迭过程中，分散的农民一般均利用宗教信仰团体等民间组织作为动员和组织性工具。所以，有人将西方的“civil society”译为“民间社会”（而不是“市民社会”或者“公民社会”），在中国历史进程中是有实际意义的，它注意到在中国历史上“官府”与“民间”的界限和对立性。

至19世纪，古老的中国传统体制受到前所未有的冲击，现代国家的观念兴起。很大程度上，中国现代国家的出现是对外部挑战及内部政治社会结构变化的回应。一方面，鸦片战争后，列强的入侵强烈冲击着长期以来形成的以血缘和地缘为基础的更小范围的共同体认同，不仅为中国人辨认自己提供了明确的参照系，而且使之有了强烈的生存危机意识。以国家和民族为认同对象的民族主义开始形成。在当时的全面危机下，国家的价值必然超越个人以及其他共同体价值，国家的行为则会剥夺后者的相对独立性。因此，中国的现代国家理念中缺乏个人地位，国家与社会在很大程度上重合在一起，成了中国现代化进程的基本价值取向，这种倾向与传统的秩序观念不谋而合，为20世纪以来国家权力的扩张提供了观念基础，并且主导着国家建构的思路（杨雪冬，2002）。另一方面，随着近代工商业发展，出现了新式的商人团体。这些新兴商人团体与建立在小农经济基础上的专制政体在本质上具有排异性。为了维护其利益，他们利用国家政权整合力衰退之机，获得一定限度的自治权，出现了西方意义上的“市民社会”萌芽。 迫于压力，晚清政府试图在治理方式而不是统治结构上作一些改良，如颁布地方自治章程，推行县以下的地方自治。这表明，晚清时期的治权开始出现分散化趋势。而孙中山领导的以建立民主共和国为目标的辛亥革命，是对传统的臣民关系式的政治权力结构的第一次大的荡涤。在革命中初步传播了以公民权利为核心的现代政治文化，革命后建立的中华民国是一个“主权在民”的国家，人民享有决定国家权力的公民权利，“公民社会”的理念和体制基础得以确立。孙中山设计的“五权宪法”政治制度，既吸取英美关于权力制衡与整合思想之精华，又立足中国实际，本来可以促使中国政治发展之路重新获得一个新的更高起点，但由于各类军阀的阻挠，造成中国资产阶级革命派政治权力的丧失、政治意图的失败和政治地位的衰落，中国的政治格局也陷入军阀割据的分裂状态。此后的国民党政府虽然在形式上统一了中国，并且遵照孙中山的政治发展阶段理论，开始尝试“军政”“训政”等的发展道路，但大都名不副实，且由于国共两次内战和八年抗日战争，中国始终没有产生一个具有稳定合法性，并且有能力进行政治统治的国家。为了实现民族独立和国家整合，只得进行新的民主革命和战争。

中华人民共和国成立以后，适合中国国情的人民代表大会制度、共产党领导的多党合作和政治协商制度以及民族区域自治制度等构成了社会主义政治制度的基本框架。政治合法性问题已经解决，政治秩序和政治稳定得到确立，建构现代国家的初步目标已经实现，同时也为进一步的国家建设创造了条件。

首先，国家政权组织向基层社会进一步渗透。国家政权向基层社会的渗透与延伸是现代国家建设的一般经验，组织建设与制度建设是现代国家建设的基本内容。在我国的国家建设过程中，由于特殊历史传统与现实国情的限制，国家政权建设主要体现为组织建设，是一个权力组织网络的构建与完善过程。1950年12月，中央人民政府政务院颁布了《乡（行政村）人民代表会议组织通则》和《乡（行政村）人民政府组织通则》，确认乡与行政村同为农村基层政权组织。1951年4月24日，政务院下发《关于人民民主政权建设工作的指示》，要求“已完成土地改革的地区，因酌量调整区、乡（行政村）行政区划，缩小区、乡行政范围，以便利人民管理政权，密切政府与人民群众的联系，充分发挥人民政权的基层组织作用，并提高行政效率”。据内务部1952年9月底统计，当时除西藏、台湾外，共有乡级单位284626个（其中东北行政村27848个、华北行政村83732个），平均每乡（行政村）1770人（沈延生，2003）。显然，新中国成立初期乡政权在进一步向基层下沉①。国家政权深入到最基层的乡村社会，使宗族、宗教组织及其他介于国家与家庭之间的非法中介组织彻底丧失了生存繁衍的前提条件，这是中国社会结构的一次巨大变革。在新中国成立之初，土改、镇反、抗美援朝等一系列运动的推行，社会的稳定和新政权的稳固，都有赖于区乡制的支持，政治运动开始与权力组织网络的支撑紧密地结合在一起。到1955年底乡所辖范围随之扩大一倍。扩乡的同时，

---

① 中华人民共和国建立后，撤除了乡保甲而行区乡制。区乡制是从解放区的区村制演变而来的。虽然也以乡政权为基层政权，但乡的规模已大为缩小。到1955年合并乡之前，乡的规模与行政村相当，如华北每个行政村人口约900人，东北一般在1500人左右，华东、中南等新解放区无行政村制，实行大乡划小乡，乡的规模与行政村相当。比照区乡保甲制，则与保的规模相当。参见许庆朴、张福记主编，《近现代中国社会》（下册1），齐鲁书社2002年版，533—536页。

“区”逐步被撤销，乡制确立。乡制的推行，则意味着将国家执掌的一些权力归还社会，同时发展各种类型的社会组织，如合作社等。国家把政治组织作为中心，重新向现代的经济部门、教育界和政府部门分配干部。在这个过程中，由国家控制真正重要的机构和力量，它左右社会事务的能力加强了。

其次，组织化调控要求建立完整的现代政权组织体系，其中最核心的是集中体现“人民主权”原则的各级人民代表大会的建立。到1952年9月，全国30个省、2个省级行署区、160个市、2174个县（包括相当于县级的行政单位）和约28万个乡，都召开了人民代表会议。到1952年底时，全国各省、直辖市、三分之二以上的市和绝大部分的乡人民代表会议已代行了人民代表大会职权，并对基层政权进行了整顿。从1953年3月起，全国各地先后开展了我国历史上空前未有的伟大的选举运动。在这次普选中参加投票的选民共278093100人，占登记选民总数的85.88%。共选出基层人民代表大会代表5669144名。在基层选举工作完成以后，接着召开了地方各级人民代表大会，选举出县级以上的地方各级人民代表大会代表和全国人民代表大会代表，并对全国21万个基层国家行政机关进行了改选。并且，中央人民政府内务部于1953年10月召开了第二次全国民政工作会议，总结了1949年以来政权建设的经验，确定了进一步加强农村、城市、工矿区、小城镇、少数民族地区政权建设和召开人民代表会议或人民代表大会的工作。特别强调政权建设工作的中心环节，是健全和巩固人民代表大会制度，充分发挥人民代表大会制度的作用，以服务于国家的各项建设事业（李琪，1954）。

一个一体化的全国政治制度开始以前所未有的方式向社会渗透，而这种渗透的本质特征就在于通过谨慎地发展组织，并结合进行全新的群众动员，以实现国家的治理为目标，开发中国共产党新的支持源泉，在建立健全权力组织网络的过程中不断扩展国家的治理空间，完善国家权力的支撑网络，不断地通过组织建设来经营国家权力。可以说1949年至1978年的国家建构虽然在秩序性、道义性以及国家控制和动员资源的能力上远远超过以前，但是其用社会动员遏制社会分工、用计划替代市场的做法在管理如此庞大复杂的社会经济体时遇到了严重的困难。毕竟它们无法从根本上解决经济增长与社会公平、专家决策与大众民主、生产效率与消费多样性等现代性矛盾。没有社会和市场支持的国家建构虽然可以取得阶段性成果，但无法保证国家与社会、市场的可持续良性互动。

1978年后的国家建构可以被视为近代以来最全面的、最深刻的。国家从一个利用计划和其他行政手段全面控制社会资源的角色转变为有意识、有秩序地放松控制，有目的地重构社会经济结构，培育和发展市场经济，并且从国际环境中吸取有利条件，但同时又因为社会经济前所未有的变动带来的众多新问题而濒于应付，不断自我调整的角色。在分权和重组的过程中，国家建构不仅是整体性的（集中体现在中央层次上），更是分散的（省以下的各级政府越来越具有能动性和相对独立性）。而分散性的增强不仅印证了国家放权的效果，而且反映出各地情况的差异，这种差异正是国家–社会–市场关系在各地的具体体现。必须注意的是，这些差异是在国家建构的整体框架中展现的，并没有从根本上改变了国家建构的主旋律。

概要地讲，1978年后的国家建构在整体上是通过以下几个方面展开的：

首先是意识形态的调整。意识形态的调整在内容上主要表现为三点：通过“实践是检验真理的唯一标准”的大讨论不仅破除了“两个凡是”的教条主义和个人迷信，而且为改革开放政策的实施提供了有力的证明；用经济建设为“中心”替代了阶级斗争，扭转了社会矛盾激化和社会全面政治动员的局面；通过对国外先进事物的肯定，使学习的对象逐渐从器物向制度转化。

其次，政治秩序的恢复和政治体制的改革。到1978年十一届三中全会召开的时候，被“文革”冲乱的政治秩序基本恢复过来，国家机构开始正常运转。1980年邓小平的《党和国家领导制度的改革》讲话的发表启动了80年代的政治体制改革。在很大程度上，整个转轨时期的政治体制改革都没有脱离这个讲话所勾勒的框架。在这个时期，政治体制改革基本上围绕权力过于集中等六个问题进行。应该说，在中国的环境下建构现代国家必须面临世界历史上其他国家未曾有过的双重任务，即在缩小国家权力范围的同时增强国家的能力，在限制国家专断权力的基础上强化国家提供公共产品的能力，在解构全能主义国家的同时，实现现代国家的建构（李强，2001）。党的十五大适时地提出“依法治国，建设社会主义法治国家”的基本方略，随后又上升为了宪法原则。这是中国走向现代国家的重要一步，意味着国家权力要在法治的轨道上运行的观念开始被接受。

建设法治国家的意义是十分深远的。亚里士多德对法治内涵的经典表述是：“法治应包含两重意义：已成立的法律获得普遍的服从，而大家所服从的法律又应该本身是制订得良好的法律。”（亚里士多德《政治学》，1965）这意味着我们不能把法律仅仅视为控制社会、管理公民的工具，而要作为国家权力运行和保障公民权利的最高原则；意味着不仅仅普通公民要遵法守法，政府和其他国家权力机关更加要在宪法和法律的范围内活动，依法治国、依法行政的重要性远大于普通公民的守法；意味着法律不能是各个部门非正当利益的载体，而应是公平和正义的体现。从中可见，维护宪法和法律的权威，不再停留在学者的理论构想上，而逐渐走入了我们的现实政治生活，2000年《立法法》的颁布和生效，2001年齐玉苓案所引发的宪法司法化及宪法适用的争论和思考，以及更深层次的违宪审查的讨论，都体现出中国迈向法治国家的步伐。

另一方面，增强国家能力的途径也在积极探索中，最具代表性的表现就是多年来一直在进行的行政体制改革。改革开放至今已经进行了五次大规模行政体制改革（分别为1982、1988、1993、1998、2003、2008年）。1982年的改革是针对当时臃肿的管理机构已不能适应改革开放和经济社会发展需要的现实情况而进行的。其改革方案明确规定各级各部的职数、年龄和文化结构，减少副职，提高素质；在精简机构方面，国务院部委从100个减为61个，人员编制从原来的5.1万人减为3万人。1988年的改革为了配合经济体制改革，将重点放在政府的经济管理部门上，改变政府对经济的干预方式，从直接管理为主转变为间接管理为主，强化宏观管理职能，淡化微观管理职能。同时，政府机构设置和人员编制也发生较大变动。1993年政府机构改革的主题依旧是“精简机构、精简人员”。但由于改革还未涉及更深层次的制度、体制方面，使精简下来的机构在缺乏制度保障的情况下，再次膨胀，导致五年后行政人员又增加了100多万。针对这样的情况，1998年的政府机构改革仍然把精简机构作为改革的主要内容，并且精简幅度和力度都是历次改革中最大的。国务院组成部门由40个减至29个，人员从3.2万人减至1.6万多人，减幅近50%。但随着经济体制的进一步推进，政府日益认识到改革必须是对政府的权力、规模和职能的同时限制，国家开始有意识地对政府职能进行调整，以体现经济体制改革对政治体制改革的要求，例如机构设置要与市场经济的需求一致，要把政府职能转变到宏观调控、社会管理和公共服务方面，把生产经营的权力交给企业；机构的设置建立在法制基础上，并在法制化的轨道上运作等等。2003年的机构改革更是紧紧抓住政府职能转变的主题，撤销、裁并或增设什么机构都围绕着政府职能的转变进行，而且与中国加入世贸组织的时代背景和社会、经济不断发展的现实背景紧密结合起来。这次机构改革的重点有：深化国有资产管理体制改革，设立国务院国有资产监督管理委员会；完善宏观调控体系，将国家发展计划委员会改组为国家发展和改革委员会；健全金融监管体制，设立中国银行业监督管理委员会；继续推进流通管理体制改革，组建商务部；加强食品安全和安全生产监管体制建设，在国家药品监督管理局的基础上组建国家食品药品监督管理局。在入世的大背景下，政府作出多项承诺，保证承诺得以履行的责任使深化机构改革成为必要，也赋予这次改革不同以往的特征。2008年机构改革的主要任务是，围绕转变政府职能和理顺部门职责关系，探索实行职能有机统一的大部门体制，合理配置宏观调控部门职能，加强能源环境管理机构，整合完善工业和信息化、交通运输行业管理体制，以改善民生为重点加强与整合社会管理和公共服务部门。这次改革有以下重大举措：（1）合理配置宏观调控部门职能。国家发展和改革委员会要进一步转变职能，减少微观管理事务和具体审批事项，集中精力抓好宏观调控。财政部要改革完善预算和税政管理，健全中央和地方财力与事权相匹配的体制，完善公共财政体系。中国人民银行要进一步健全货币政策体系，加强与金融监管部门的统筹协调，维护国家金融安全。国家发展和改革委员会、财政部、中国人民银行等部门要建立健全协调机制，形成更加完善的宏观调控体系。（2）

加强能源管理机构。设立高层次议事协调机构国家能源委员会。组建国家能源局，由国家发展和改革委员会管理。将国家发展和改革委员会的能源行业管理有关职责及机构，与国家能源领导小组办公室的职责、国防科学技术工业委员会的核电管理职责进行整合，划入该局。国家能源委员会办公室的工作由国家能源局承担。不再保留国家能源领导小组及其办事机构。（3）组建了一些新的部门，包括工业和信息化部、交通运输部、人力资源和社会保障部、环境保护部和住房和城乡建设部。（4）国家食品药品监督管理局改由卫生部管理。明确卫生部承担食品安全综合协调、组织查处食品安全重大事故的责任。改革后，除国务院办公厅外，国务院将有27个部门组成。

在这30年中，中国政府的角色发生了很大变化，不仅减少了对经济的直接作用，也削减了对民众日常生活的干预，但这并不意味着政府的重要性下降，而是意味着政府工作进入了新的层面。在这个新层面中，政府仍然在经济、社会发展中起积极作用，但不再诉诸全面干预，而是积极转变职能，转变工作方式。而加入世界贸易组织则为政府职能转变、工作方式转变提供了一个新的坐标。入世后，我国将更全面地发展开放型经济，中国企业在深度和广度上将进一步融入全球市场，在与跨国公司同台竞争中优胜劣汰；政府对企业的直接保护体系将让位于与世贸组织规则符合的间接保护体系。这要求政府一方面增加公平制度的供给，维护自己内部市场公平有效的竞争环境；另一方面对经济干预必须适度，对市场经济行为的干预主要是放在市场失灵的矫正方面。

再次，放权与市场化。改革开放前，市场经济一直被等同为资本主义而遭受批判。改革开放尤其是1992年邓小平视察南方之后，市场经济逐渐被合法化，并不断得以发育和成长。与此同时，为适应和支持市场经济的发育和成长，中国在经济制度以及其他重要的国家制度重建上也作出了巨大努力。就国家经济制度建设而言，包括财政体制改革，比如20世纪80年代普遍推行的“分灶吃饭”财政体制，80年代中期“以中心城市为依托组织经济网络”的市场化改革使一批城市实行了“计划单列”（吴敬琏，1999），1994年的分税制，现代金融制度包括银行制度、资本市场的改革，以及1993年的“建立现代企业制度”改革等。借助于这样一些改革，一则试图通过改变政府与企业之间的关系，使企业成为独立的市场主体，促进市场经济的发育和生长；二则试图合理地界定中央与地方政府之间的关系，在市场经济体制的框架中进行分权，划清中央政府与地方政府之间的权利和义务关系，明确各自的独立地位，从而更有效地管理经济以及处理日益复杂的社会关系。

最后，社会的发育和国家与社会关系的调整。1978年后，随着国家的放权和市场化的推进， 社会结构和社会关系也经历了诸多变化。一方面，改革开放尤其是邓小平视察南方之后，中国逐渐从一个意识形态建构的社会秩序转变为一个基于利益的社会秩序，从一个政治社会转变为一个经济社会。单位制和户籍制日渐松动，人口流动加快，严格的城乡二元格局日益遭到侵蚀。随着基于利益的社会秩序的建构和发展，社会私人空间得以创制和扩展。它们不断产生其自身的运行逻辑和动力，并要求相应的政治空间。这一事实因信息社会的建构而尤为显著。基于信息技术，信息社会的建构不仅为新经济的出现奠定了坚实的基础，从而促进了中国的经济转型，而且为新的结社行为提供了重要媒介。各种网站、聊天室以及非正式的E-mail交流被用作于公民讨论当代政治和社会事物的论坛，从而为新的政治参与创造了新的空间和便利。另一方面，市民社会的培育和发展。虽然对于中国市民社会的定义以及发展状况有着多种争论（邓正来，1999；俞可平，2000），但是起码在现象上可以发现一些明显的迹象或趋势。它们包括:国家承受并受其约束，但是没有权力干预的“中立领域”的扩展；国家与社会可以协商的“第三领域”的发展；民间组织在数量和涉及领域上的飞速增长（俞可平，2000）等。虽然在国家-社会关系上国家依然处于强势地位，但是社会的发育推动了传统的国家-社会关系的改变。国家主动地通过制度化建设来调整双方之间的关系。“法治”和“民主”成了国家建构的基本目标，包括健全法治、推行村民自治等在内的各项改革为社会自组织能力的提高提供了更大的空间，也为确立国家与社会新的良性的和相对平衡的互动关系提供了基本的路径。就目前来说，由于社会发育还处于初期，自组织能力较薄弱，所以国家-社会关系的重心依然向前者倾斜，国家承担了许多属于社会的功能，而且国家与社会之间缺乏充分有效的联结组织，来表达社会的利益，减缓国家对个人的直接压力。

必须看到，中国的国家和社会在改革开放后的30年中发生了巨大的变化，国家建构的成就主要表现在经济发展、制度建设、社会秩序和安全的维持以及国家-社会-市场三者关系的重塑上。但目前，中国所面临的历史情势已与改革开放初期发生了很大的不同，经济全球化的冲击以及国内经济社会的转型推动着中国国家建构的进一步发展。

第二节　全球化进程中的中国国家

一、经济的进一步开放

中国的全球化，在经济意义上是指后毛泽东时代改革的一个整合性部分。“改革”和“开放”是一个硬币的两面。改革开放的目标是把中国整合进国际共同体。国际性整合或全球化逐渐成为推动改革开放政策的一种重要力量（Thomas G. Moore, 2002）。改革派领导人在20世纪90年代初把资本主义作为一种促进经济增长的方式合法化后，全球化趋势就是不可避免的了。全球化不仅产生了其自身的动力（David Zweig, 2002），更重要的是，改革派领导人倾向于高度依赖全球化来克服国内改革的困难（Harry Hongyi Lai, 2001）。

中国改革的第一阶段始于农业改革。改革直接导致了农业生产的巨大增长，农民收入不断提高。随着农业生产的增长，大量的农业盈余推动非农业的发展。这转而导致乡镇企业的蓬勃兴盛，使之很快成为中国经济增长的推动力（William A. Byrd, Lin Q., 1990）。

农业部门一完成初步改革，领导人就转向城市工业部门改革。国家与世界的密切联系推动了工业改革。20世纪80年代初，对外贸易制度的修正结束了国家贸易公司对进出口商业事务的垄断，上千的中国公司被允许进行国际贸易。经济特区的设立以及沿海城市的开放，直接指向引入外国资本——给外资企业提供许多优惠政策，吸引其资金（George T. Crane, 1990）。

邓小平视察南方讲话成为当代中国历史的里程碑，因为它结束了关于中国发展是姓资还是姓社的长期意识形态争论（John Wong. 郑永年, 2001）。除了设立经济特区、开放沿海城市、改革贸易体制这些重大进步外，在邓小平视察南方讲话之前，全球化过程仍然受到国家的严格控制和管理。远离高关税和无关税的壁垒，进口服从于计划和特权的控制，并且必须由专门的国家贸易公司掌控。出口也受到严格的管制。更严重的是外汇体制的僵硬，这扩大了官方汇率与决定于“交换中心”的平行汇率之间的鸿沟。邓小平视察南方讲话的核心是，从局部改革的计划经济转向市场导向的计划经济，从那时起，市场经济作为国家全球化和与国际共同体整合起来的方式，开始合法化了。

邓小平视察南方讲话触发了经济增长的持续长波和中国全球化的加速。在1991—1999年之间中国经济增长了10.5个百分点，而视察南方讲话之前的1978—1991年只增长了9个百分点。1978年后，中国的大部分经济增长基本上是由投资推动的，在1978—1999年之间投资额稳定增长了20.3个百分点。但是，南巡之后投资增长得更快：在1991—1999年之间增长了23.7个百分点，相反1978—1991年之间只有17.9个百分点。

高经济增长带来了经济市场化程度的提高。国有企业占有的工业总产值也从20世纪70年代末的80%衰减到20世纪90年代末的26.5%。依据北京天则经济研究所1999年的研究报告，市场调节的商品价格有85%，劳动力市场有65%，农业有66%，工业有50%，对外贸易有54%。另一个由国家工商管理局做出的报告则揭示出，在1999年中期，私营企业的数量增加到128万，容纳了1784万工人，拥有注册资金8177亿元人民币。

南巡最让人信服的经济作用，是1992年以后流入中国的外商直接投资的爆炸式增长。中国成为所有发展中国家中最适合外商直接投资的目的地。从1988到2000年，实际的或被利用的外商直接投资以23%的年平均率增长，总额达到3390亿美元。外商直接投资对中国显著的出口增长做出了巨大贡献，外资企业占中国总出口额的一大半。正如数据1.2表明的，2000年外资企业占中国总出口额的48%，而1992年只占20%（John Wong and Sarah Chan, 2001）。

中国成为世界上主要的贸易经济国。中国的出口以每年17%的比率从1979年的137亿美元增长到2000年的2493亿美元。作为亚洲金融危机的一个结果，大部分亚洲经济的出口增长都陷入负增长的境地。中国的出口增长也停滞不前，相比于1997年的21%，1998年只增长了0.5个百分点。但是，中国出口增长在1999年快速反弹了6个百分点，并且随后在2000年达到更让人吃惊的两位数的比率，28%。在2001年初，中国成为世界第九大出口国。

随着外贸的急速增长，中国经济在20世纪90年代对世界更加开放。1990年，中国从与世界的商品贸易平衡开始走向盈余，在1998年超过430亿美元。1993年以后的6年中，流入中国的外国资本在世界上仅次于美国。在20世纪90年代，中国吸引了所有发展中国家外商直接投资的一半左右。中国已经拥有世界上最大的外汇储备。在1999年，中国的外汇储备超过了1500亿美元。

2001年中国加入WTO，很多人担心中国经济经受不住外来冲击，但此后中国经济的优异表现，逐渐打消了人们的疑虑。自2001年12月加入以来，中国的开放型经济进入了快速发展的轨道。2001年至2005年，中国实际利用外资总额达2741亿美元，占改革开放以来实际利用外资总额的44%；2001年，中国进出口贸易总额为500多亿美元，到2005年进出口总额达1.4万多亿美元，约为2001年的3倍；2001年底，中国外汇储备为2000多亿美元，2005年底达到8000多亿美元，2006年突破了1万亿美元。中国已成为仅次于美国和日本的世界第三大贸易体，外汇储备列世界第一。5年多来中国经济的高速增长与外资拉动有很大关系（张二震，2007）。

可以说，实行对外开放战略，全面融入国际分工体系，采取相对自由的贸易政策和投资政策，利用两种资源、两个市场加快发展，是后进国家富民强国的必由之路。中国抓住了发展的机遇，采取了正确的对外开放战略，使国际先进生产要素在中国大量集聚[①]（张幼文、黄仁伟，2006），极大地提高了财富生产能力，不仅使中国成为全球化的受益者，而且正如诺贝尔经济学奖获得者斯蒂格利茨所说的，中国的发展还“成功地促进了全球经济的繁荣和稳定”（国纪平，2006）。

二、信息技术的普及

中国的全球化不仅为外商投资和对外贸易所推动，而且也为信息社会的迅猛发展所推动。在20世纪80年代中期，中国的改革开放政策就已开始集中建立起一个信息社会，以之刺激经济增长。

从20世纪90年代中期开始，电信基础设施的建立是令人惊愕的。接线总机在1997年达到1000万，而1994年才500万。固定电话的用户数量在1992年达到100万，1996年冲破500万，1999年达到1000万——7年中增长了10倍。

到2001年，就网络能力和用户数量而言，中国已经成为世界上第二大电信市场。中国已经建立了1790万条电信线路，拥有1440万固定电话用户。电信渗透率（每100个人中固定电话和移动电话的总数）达到18%，同时电信密度（每100个居民主要电话线的数目）达到12%。

移动电话用户数的扩大也推动了中国的电信增长。移动电话用户的数量1994年仅有10万，1996年达到50万，1998年是200万，到2000年突破了800万，6年中就增长了8倍。在2000年末，中国拥有比日本还多的移动电话用户，已经成为仅次于美国的世界第二大移动电话市场。大约有30%的中国用户借助无线应用协议（WAP）利用移动电话上网。这种增长使信号编号容量从500万扩大到5000万左右，否则难以满足这个国家在2010年的需求。

电信产业的迅猛发展为网络社会的形成奠定了基础。中国网络部门的

---

① 张幼文、黄仁伟教授认为，在世界经济体系进入全球化的今天，要素聚集能力成为一种新的国际竞争能力，是当前中国的国家核心能力。国际先进要素的聚集及合理使用，不仅能快速增加一国的物质财富，提升一国的国际地位，而且能增强该国对世界体系和国际事务的影响力。

快速扩张，电信服务部门如中国移动、中国联通，提供了像无线应用协议（WAP）这样的网络服务。截至2018年12月，中国网民规模达8.29亿，普及率达59.6%，较2017年底提升3.8个百分点，全年新增网民5653万。手机网民规模达8.17亿，网民通过手机接入互联网的比例高达98.6%。互联网覆盖范围进一步扩大，贫困地区网络基础设施“最后一公里”逐步打通，“数字鸿沟”加快弥合；移动流量资费大幅下降，跨省“漫游”成为历史，居民入网门槛进一步降低，信息交流效率得到提升。互联网在中国的应用正逐步广泛化，越来越多的人接触到互联网，并从互联网世界获益。根据CNNIC统计，接触过互联网的人中，99%都会继续上网。

信息技术与通信技术（ICT）的兴起也导致了中国新经济的出现。截至2018年12月，中国手机网络支付用户规模达5.83亿，年增长率为10.7%，手机网民使用率达71.4%。线下网络支付使用习惯持续巩固，网民在线下消费时使用手机网络支付的比例由2017年底的65.5%提升至67.2%。在跨境支付方面，支付宝和微信支付已分别在40个以上国家和地区合规接入；在境外本土化支付方面，我国企业已在亚洲9个国家和地区运营本土化数字钱包产品。

与此同时，政府在线政务服务效能得到提升，践行以民为本的发展理念。截至2018年12月，中国在线政务服务用户规模达3.94亿，占整体网民的47.5%。“互联网+政务服务”不断深化发展，各级政府依托网上政务服务平台，推动线上线下集成融合，实时汇入网上申报、排队预约、审批审查结果等信息，加强建设全国统一、多级互联的数据共享交换平台，通过“数据多跑路”，实现“群众少跑腿”。同时，各地相继开展县级融媒体中心建设，将县广播电视台、县党报、县属网站等媒体单位全部纳入，负责全县所有信息发布服务，实现资源集中、统一管理、信息优质、服务规范，更好地传递政务信息，为当地群众服务。①

---

① 2019年第43次《中国互联网络发展状况统计报告》，http://www.cnnic.cn/hlwfzyj/hlwxzbg/hlwtjbg/201902/ t20190228_70645.htm，2019年6月23日。

三、国内经济社会结构的转型

国家权威部门公布的资料显示，目前中国已经形成了多元成分并存的开放式经济格局，呈现出国有经济、混和经济和民营经济三足鼎立的格局。2001年的GDP构成中，国有经济占1/3，混和经济占1/3强，民营经济占近1/3[①]。从2001年三个产业的产值来看，第一产业占15%左右，第二产业占50%多，第三产业占33%左右，而在劳动力就业方面，第一产业占50%，第二产业占20%多，第三产业占27%。所有制结构和产业结构都已经得到很大改变，对民营经济的偏见日渐消除，经济、社会资源在不同所有制经济、不同产业领域重新得到配置。

经济格局的变迁导致社会阶层结构的分化重组。《当代中国社会阶层研究报告》对我国内地社会群体划分为十大阶层，并对其社会地位、特征等作出界定：（1）国家与社会管理者阶层：在党政、事业和社会团体机关单位中行使实际的行政管理职权的领导干部，在整个社会阶层结构中约占2.1%。（2）经理人员阶层：大中型企业中非业主身份的高中层管理人员，所占比例约为1.5%。（3）私营企业主阶层：拥有一定数量私人资本或固定资产并进行投资以获取利润的人，约占0.6%。（4）专业技术人员阶层：在各种经济成分的机构中专门从事各种专业性工作和科学技术工作的人员，约占5.1%。（5）办事人员阶层：协助部门负责人处理日常行政事务的专职办公人员，所占比例约为4.8%。（6）个体工商户阶层：拥有较少量私人资本并投入经营活动或金融债券市场而且以此为生的人，所占比例为4.2%。（7）商业服务业员工阶层：在商业和服务行业中从事非专业性的、非体力和体力工作的人员，所占比例约为12%。（8）产业工人阶层：在第二产业中从事体力、半体力劳动的生产工人、建筑业工人及相关人员，约占22.6%左右，其中农民工占产业工人的30%左右。改革开

---

① 参看课题组（陆建华执笔）：《社会发展进程步入全新的开放阶段》，载汝信等主编《2002年：中国社会形势分析与预测》，中国社会科学文献出版社2002年版，第1-19页。

放以来，该阶层的社会经济地位明显下降，其人员构成发生了根本性的变化。（9）农业劳动者阶层：所占比例大约为44%。这是目前中国规模最大的一个阶层，是指承包集体所有的耕地，以农（林、牧、渔）业为唯一或主要职业及收入来源的农民。这个阶层几乎不拥有组织资源，在整个社会阶层结构中的地位比较低。（10）城乡无业、失业、半失业者阶层：这是特殊历史过渡阶段的产物，是指无固定职业的劳动年龄人群（排除在校学生），所占比例约为3.1%。目前，这一阶层的数量还在继续增加（陆学艺，2002）。社会阶层的重组其实质是对组织资源、经济资源、文化资源占有的重组。从社会分层的特征来看，虽然阶层分化越来越趋于表现为职业的分化，但是一些特殊的制度性安排对社会阶层分化仍然有着显著的影响，这些制度因素包括所有制、户籍制度、部门差异以及国家在资源配置中强有力的作用，同时生产资料所有权是导致分层的重要因素之一，而且经济制度转轨的过渡期使分层仍然会持续下去（中国社会科学院“当代中国社会结构变迁研究”课题组，2002）。同时，研究结果表明，虽然我国的社会阶层已经呈“纺锤型”结构，中间阶层的人数增长很快，但是两极分化已经比较严重。社会结构的变迁对公共管理的职能提出了新的要求，即公正配置公共资源。

伴随着经济发展和社会结构的变迁，我国的社会组织也得到了较大发展。从20世纪50年代一直到改革开放前的70年代，我国各种社团和群众组织的数量非常小，50年代全国性的社团只有44个，60年代也不到100个，地方性社团大约在6000个左右。到1989年，全国性的社团增至1600个，地方性的社团达到20多万个，这时政府对各种民间组织进行了重新登记和清理，其数量在短期内稍有减少，但不久后即重新回升。到1997年，全国县级以上的社团组织发展到181218个，其中省级社团组织21404个，全国性社团组织1848个（王名、刘国翰、何建宇，2001，P4）。1998—2000年，政府再一次取缔了一批非法社团，注销、合并了一批业务相同或相近的社团。截至2017年底，全国共登记社团35.5万个。与此同时，90年代以来，另一类民间组织——民办非企业单位也在迅速成长。据民政部门统计，全国现有各类民办非企业单位40万个。其中，到2002年底，获得登记确认的有近9.3万家。民工也开始有了自己的组织，外来工自治组织（外来人口协会）2002年初现浙江瑞安。社会组织的数量、种类以及职能都得到了较大的发展。俞可平认为我国公民社会的兴起的现实基础主要在两个方面，一是市场经济的发展。企业独立性增强使行业组织、同业工会独立生成，企业自负盈亏使企业为了自保从而产生行业性利益团体，多种所有制的并存形成不同的行业组织，企业的效益提高带来社会组织的经费来源，同时市场经济中人民生活水平的提高使得他们的需求变得日益多元，从而形成各种兴趣组织等等。二是政治环境的改善。政府日益重视法制和法治使得公民结社自由开始具有实质性意义；政府在转变职能的同时日益向社会组织放权。毫无疑问，我国社会组织的发展还存在着一些问题，主要是社会组织的独立性差，过分依赖政府，带有明显的官办色彩；社会组织的功能还不齐全；总量不足，结构不合理，发展不平衡；管理体制比较混乱、法规滞后等等。但是社会组织的发展、市民（公民）社会的兴起奠定了基层民主特别是社会自治的组织基础，它们日益成为政府与公民之间沟通的桥梁并影响政府决策和推动政府改革（俞可平，2000）。

当全球化给这个国家带来大量经济利益的同时，中国国家承受着可见和不可见的社会政治后果。中国的企业，包括国有部门和非国有部门，都面临着内部的工业转型和外部的经济全球化带来的不断增长的高压力。

急剧的经济变革和全球化导致了王绍光所谓的“分配冲突”（王绍光，2000）。各种社会团体和各地区，从全球化上获得益处是极不平衡的。分配冲突具有重大的政治意义，因为它们有助于农村和城市社会保障体系的兴起。

经济变革也削弱了国家的道德规范，出现了人民对政府的信任警报。当中国国家在推动经济变革和全球化过程上扮演着绝对重要的角色时，也不经意地产生了严重的问题。政府与商业的紧密联系，导致了党政官员腐败行为的扩大。官员腐败的许多形式，都密切地与全球化相关联。走私就是一例。在20世纪90年代末，走私已经非常普遍，超出了中央政府的控制。走私破坏了中国的经济，也减少了中央的财政收入。走私物品包括药物、武器、伪劣产品、工业原材料（如水泥、钢铁、石油等）、消费品和日用品。走私货物的实用性降低了已付关税的商品的价格。走私使消费者受益了，却减少了政府税收，损害了通常由关税来保护的民族工业的发展。此外，走私倾向于公司化，企业直接卷入走私或者中介活动，或者在书面工作中使诈（fiddling the paperwork）。走私者也被组织为专业人员。使用方法包括假造关税证明，伪造批准证书或封条。即便走私者被抓获，他们也能够获得可靠的证明，或者恐吓或阻碍调查人员（郑永年，2009）。

经济变革和全球化也导致了分权以及伴随而来的重大政治后果。分权意味着中国国家把权力归还给社会。新社会组织已经在不同层面上出现于整个中国。到20世纪90年代末，在国家和省级的层面上，已经有1.6万个政府登记注册的社会组织，包括非盈利性组织、宗教团体以及所有地方的社会组织（陈冬东，1998）。社会组织的出现表明中国的公民社会正在重建。一个初生的自发的社会秩序，已经对既存政治秩序产生了严肃的政治挑战。当经济全球化和IT革命直接推进了中国的经济变革时，也为新协会活动形式的兴起提供了重要的媒介。因特网成为公民讨论的论坛。中国具有丰富的网站、聊天室、非正式电子邮件的交换和编目，人们可以在网上对当代政治和社会事件展开公开讨论。换句话说，IT革命创造了新的政治参与工具。更重要的是，全球化和IT革命为社会运动提供了工具和资源。

随着全球化的增长，挑战的列表也变得越来越长。整个中国的全球化如同其他地方一样，已经释放了许多力量，这些力量常常超出了国家的控制。问题由然而生：中国国家的命运如何？

第三节　超越发展型国家

有学者认为，通过改革开放，中国突破了传统的社会主义发展型国家，成为一种新的社会主义发展型国家。发展型国家的概念可以追溯到1982年，美国加州大学政治学教授查默斯·约翰逊（Chalmers Johnson）

发表了《通产省与日本奇迹》一书。在书中，约翰逊提出了“资本主义发展型国家”这一概念，作为对东亚经济奇迹的一种解释。在约翰逊的基础上，许多学者对东北亚国家进行了研究，由此形成了一种发展型国家理论范式。之后，“发展型国家”概念在英国学者戈登·怀特那里得到了进一步的阐释，用来描述和分析像中国、朝鲜等社会主义国家的发展历程，从而产生了“资本主义发展型国家”与“社会主义发展型国家”的区分，而社会主义发展型国家还可以分为“传统的社会主义发展型国家”和“修正的社会主义发展型国家”（郁建兴、石德金，2008）。

所谓发展型国家包括如下特点：

第一，这种范式强调，从国情出发，超越共产主义计划经济和自由主义自由经济意识形态。约翰逊指出，“对现代日本产业政策历史的‘资本主义发展型国家’概念的介绍的主要目的是要超越美国和苏联经济的对立”（Chalmers Johnson, 1999）。约翰逊认为，日本国家不是调节型国家，也不是福利国家、宗教国家、平等主义国家、国防国家、革命国家，而是资本主义发展型国家。日本确立优先目标是客观条件形成的，取决于它对自身所处形势的估计，是顺应形势的产物（查默斯·约翰逊，1992）。

第二，发展主义：把发展明确作为优先目标，实行战略性工业政策。“由发展、生产力和竞争力定义的经济发展，构成了国家优先考虑的目标。通过不对任何平等和社会福利作出承诺，避免了目标的冲突。”（Ziya Onis, 1991）这是发展型国家的主要特点。此外，高度挑选性的产业政策是发展型国家的重要特征。韦德（Wade）提出了东亚工业化的一个管制市场理论（罗伯特·韦德，1994）。阿姆斯登（Amsden）把韩国定义为一个引导型市场经济，在那里市场理性由工业化的优先性限制着（Ziya Onis, 1991）。他们都认为，政府在驯服国内和国际市场力量并使之服从国家经济利益当中扮演着重要角色，政府有意识地培养出某些具有竞争力的行业，并通过这些行业带动全国经济的快速发展。国家对工业政策的干预是发展型国家普遍具有的特征，但是“国家的主要方面是提供这样一种景象，可以使经济免受因不确定性和破碎性而导致的对均衡的破坏，避免经济行为者共同利用经济外部性，为此目的建立必要的制度，并且调解这个过程中产生的冲突”（Sean O Riain, 2000）。罗瑞奥斯（Loriaux）从一种更抽象的发展主义的角度去理解发展型国家，把它看作是一种推动经济发展和促进国家利益的道德雄心（Michael Loriaux, 1999）。这实质上是突出了发展型国家的发展主义这一特性。

第三，政府和企业之间的合作关系。约翰逊指出，在日本，政府和私人企业之间建立和保持了良好的合作关系。在这种合作关系中，企业家不承受单独追求企业短期经济效益的压力，因而有足够的余地考虑国家长远的利益（查默斯·约翰逊，1992）。在《亚洲奇迹的关键》中，鲁特（Root）等人认为这个奇迹的关键是铸造一个“共享发展”的契约。这个契约把商业、劳动力、消费者和政府联合在一个合作计划之中，确保了发展策略的成功（Sherry Gray, 1997）。韦德（Wade）正是一种阶级合作主义与独裁政治组织为东亚推行它们市场指导提供了基础（罗伯特·韦德，1994）。后来，在戴约主编的《亚洲新工业主义的政治经济》的文集中，约翰逊对这种公私合作关系作出了更详尽的考察，认为日本、韩国和中国台湾的经济成就都依赖于官僚机构与企业之间紧密的合作（查默斯·约翰逊，1992）。

第四，国家主义：相对自主、有效的官僚和官僚机构。约翰逊在《通产省与日本奇迹》一书对日本的通产省进行了详尽考察，指出通产省对日本发展的作用；《日本书官制度和经济发展》对具有高地位的官僚在现代日本发展的政策支持上的角色转变，它提供了一个相当综合的评价（David Donald, 1998）。国家主义在发展型国家体现为这样的特点：可以抵抗近视的利益和各种社会集团的寻租行为，以及克服集体行动的问题，把自己与特殊利益相隔绝，使得它可以发展和实施一种国家发展计划（Steven Chan, Cal Clark, Danny Lam, 1998）。其特点具体体现为：一是精干的官僚队伍；二是官僚机构相对自主性，统治权和治理权相分离；三是官僚理性，它是保持发展型国家能力的重要因素，它使得发展型国家可以避免掠夺性行为和资源的浪费。另外这种官僚理性还来自经济优先目标的制约。

第五，革命国家主义是发展型国家合法性获得和巩固的基础。约翰逊在《农民国家主义和共产主义权力》首次清晰表达了他关于现代东亚国家主义本质的思想，它包括战争在建立社会动员制度（中国的共产党和日本的通产省）的重要性，以及意识形态在革命社会转型中的作用。这种独特的国家主义赋予东亚发展型国家合法性。对约翰逊来说，日本是这样一个例子，“一个为战争而动员的、但在和平时期从不复员的经济”（Chalmers Johnson, 1995）。对韩国来说，正是日本在这个战争时期的殖民主义把日本的发展模式移殖到了韩国（Atul Kohli, 1999）。同时，这种革命国家主义的传统同样在发展型国家合法性的巩固中起到至关重要的作用。一方面，它影响着发展型国家官僚的思维方式。这些官僚的战争逻辑决定了这些国家行动的尺度，把社会经济的发展置于民族生存的紧急要务之下。另一方面，革命国家主义作为一种意识形态已经成为东亚人民群众的一种潜意识，以革命国家主义思维方式推行的发展型战略易于在东亚人民群众中获得认同。而这种以经济为优先目标的发展战略在东亚所取得的成功，使经济国家主义成为革命国家主义意识形态的新形态。正如约翰逊指出的，在20世纪的大部分时间里，经济发展是“克服压迫、准备战争、进行战争、战后重建以及摆脱对美国援助的依赖”的妙方（Chalmers Johnson, 1999）。由此，发展型国家合法性的获得和巩固必然建立在这种一种带有革命色彩的经济国家主义之上，只有成功的经济表现才能使得发展型国家的合法性得到巩固。

而在“传统的社会主义发展型国家”中，社会主义计划经济和市场经济被看作是一种对立关系，社会主义计划经济被认为最终会取代市场经济，但是计划经济模式的弊端很快显现出来，它越来越束缚生产单位的效率和个人的劳动积极性。随着“文革”的结束和20世纪70年代末改革的展开，中国逐渐在社会主义框架下，创造出了经济活力和社会活力，挑战了传统的发展型模式，而走向了“新的社会主义发展型”模式（郁建兴、石德金，2008）。

但随着全球化进程的进一步加深、中国改革开放步伐的逐步加快，中国经济社会发展中也涌现出了大量新的矛盾，发展型国家的模式需要得到新的反思。特别是2002年之后，中国进入到了经济建设和社会建设并重的时代，推动科学发展、促进社会和谐成为中国经济社会发展的新主题。超越发展型国家，也成为中国经济社会继续向前发展的必然要求。

如何超越发展型国家？目前主要有以下几条路径：

第一，在全球化的背景下重塑中国国家的自主性。

全球化已经引发了中国的国家转型。在一定程度上，全球化导致了中国国家与国际的融合，因为领导人必需进口西方国家产品来应付西方资本主义和西方国家推动的全球化。在这样做时，中国国家也已经审慎地扩大了她的差异和决策自主性，以便容纳全球化及其后果并在其中生存。全球化使得中国社会更加复杂并且更加难以统治，常常导致民族主义的兴起。面对这些挑战和大量的政治难题，领导人不能随意使国家西化；相反，必须借助传统手段来应付全球化的负面影响。结果，全球化在使中国变得更现代化的同时，又维持了她的中国性。中国依然是中国全球化过程中的一个整合性部分，它在推动全球化和经济变革上扮演着重要的角色。当国家权力在某些传统领域衰弱时，它在另外一些新领域却正增强或巩固起来。国家对全球化的这种反应导致了中国国家系统的急剧变革。

但是，虽然全球化在某些情形中可能削弱了国家权力，而在另外一些情形中则可能是增强了国家权力，这将取决于国家如何回应全球化。全球化给中国领导人重建国家系统创造了机会。我认为，中国国家作为最重要的政治制度，已经有意识地回应了全球化及其后果。随着改革措施的正确制定和执行，国家不仅可以在全球化当中存活下来，而且可以借助外部压力来推动自身的变革。全球化由此给国家变得更现代化创造了动力。

第二，在发展的过程中巩固国家的政治合法性。

1997年的金融危机使得发展型国家的政策有效性遭到了质疑。随着全球化、社会结构的变化和公民社会的兴起，中国需要寻求新的合法性基础。而这种合法性的寻求实质上体现了国家职能的变化。在中国，服务型政府理论日渐流行，国家的公共服务职能已经成为与经济发展职能相并重的领域。国家开始不仅仅关注“市场”，关注“生产率”，而开始更加关注公民利益，关注人的发展，因此，不再把公共利益看作是发展的一种副产品，而是把它本身作为一种目标。另一方面国家不再只是像企业家一样追求经济利益的发展，而开始依赖众多社会团体、国际组织关注民生问题，与这些组织和部门形成共同提供服务的伙伴关系，最终形成一种善治的局面。

第三，增强国家能力和优化国家能力结构。

经验事实表明，国家是各国经济发展、政治变革、社会演进和国家间互动关系的主要驱动力量。国家能力强弱大小是能否及在多大程度上维护和实现国家利益的关键因素。在经济全球化条件下，国家能力强弱具有了前所未有的重要性，这是因为：（1）国与国之间的竞争日趋激烈，一个国家想要把握经济全球化的机遇，应对经济全球化的挑战，争取从经济全球化进程中获取更多的机会和收益，就必须拥有强大的国家能力；（2）一个国家对整个社会实施统治、管理、服务、协调的任务日益艰巨和复杂，如果没有一定的国家能力总量，就不能应对国际国内形势的变化，进而难以维护社会的公共利益。因此，提升国家能力总量，建设匹配经济全球化需要的强大能力的国家，无疑成为当今经济全球化时代国家能力建设的首要战略目标。

国家能力结构是指国家外显能力要素的排列组合方式。按照系统论基本原理，结构的优化有助于增强系统的功能。同理，对国家能力系统进行结构优化，是增强国家能力进而适应经济社会发展要求和应对全球化挑战的客观需要。国家能力结构的开放化、合理化是国家能力结构优化的基本内涵。在未融入经济全球化进程之前，国家能力的结构呈现一定的封闭性，主要满足的是一个国家范围内解决国家内部事务的需要。经济全球化使国家发展处于一种开放的新时空环境之中，这就对国家能力结构提出了开放化的要求，即要求我们针对开放的变动的国际国内环境适时调整国家能力结构。经济全球化还进一步提出了国家能力合理化的要求，即能够根据经济社会发展的要求配置国家的各项外显能力。具体而言，一是坚持国家能力结构变化的总体趋势，使国家能力结构变化与国家职能的历史变迁趋势保持一致，在一定时期内保持相当的政治管理能力，逐步强化国家的社会管理能力；二是强化部分外显能力尤其是核心外显能力，主要有国家主权维护能力，国家经济、政治、文化、信息、生态等安全保障能力，民主法治化能力，宏观调控能力，建设和谐社会能力，公共产品供给能力，危机应对能力等；三是弱化乃至淘汰部分外显能力，凡是公民社会、市场力量能够自我治理的领域，国家行为应当退出，还权于社会（市场），使社会（市场）真正具有自主性，如弱化、淘汰国家对经济的微观控制能力和对社会的微观管理能力等；四是增添新的外显能力，如治理“世界市场失灵”能力，参与国际制度创新能力等。

第四，国家制度建设。

一般而言，国家构建都包括国家制度层面，比如福山对国家构建的定义为“强化现有的国家制度的同时新建一批国家政府制度”（福山，2007，序）。应该说，没有必要的国家制度建设，一个国家难以持续、稳定、协调地发展经济，也不可能为实现现代民主政治奠定必要的制度基础；反过来，如果国家制度建设不包含民主的因素，得到加强的国家可能变成任何组织、任何人都无法控制的“怪兽”。这个思路的理论假设来自对其他国家历史经验的观察：凡是经济持续发展和具有稳定民主制度的国家都有坚实的国家制度建设作为其基础（如欧美国家）；而在缺乏必要国家制度建设的地方，经济发展难以持续；即使民主化出现，也难免昙花一现。缺乏国家现代制度基础的民主化还可能进一步削弱国家能力，使社会和经济失序（如俄罗斯、独联体国家、印度尼西亚等），甚至有可能导致内乱和无政府状态（如非洲一些国家）。

经济增长本身不可能解决超大规模的、急剧的、多重的转型引发的各种相互关联的社会问题和政治问题。按照马克思主义的基本原理，经济基础与上层建筑是相互制约的，只有当政治制度和意识形态与其经济基础相适应时，社会才能平稳发展。当经济基础发生变化时，必然会提出变革上层建筑以及相应的意识形态的要求。当经济结构比较简单时，政府也许可以用指令性计划管理经济。一旦经济发展到一定水平，哪怕有最聪明的计划者，计划经济体制也不可能有效运作。这时，引入市场机制势在必行。同样道理，当社会结构比较简单时，政府也许可以用专断的方式管理社会。然而，当社会变得相当多元化时，即使有最无私、最仁慈的领袖，政府也难以有效地调节各种复杂的社会关系。这时便有必要逐步开放言路、拓宽民众参与决策的渠道。

就中国发展目前所面临的问题而言，大量经济、社会、政治、法治方面的问题必须要靠建立和完善国家制度才能解决。实际上，民主制度本身说到底也是一种公共权威，一种国家制度。因此，中国的政治转型应着眼于强化和改善公共权威，并使之民主化。换句话说，在中国政治转型的过程中，不仅应该将现有国家机器民主化、制度化和程序化，而且应该大力加强国家制度的薄弱环节，建立一个高效、有很强的治理能力的政府。因此，王绍光、胡鞍钢等人将国家制度建设的问题归纳为三个观点：（1）国家基本制度建设应优先于大规模的民主化，要先行一步，因为它是经济可持续发展和社会稳定的必要条件，也是建立法治和民主制度的必要条件；否则民主化就可能演化为泛民主化和无政府主义。（2）国家制度建设应当包括民主政治的成分，而且其最终目的也是在中国建立稳固的、基于法治的民主政治体制。（3）有序地扩大公民参与公共政治是建设民主国家制度的必经之路（王绍光、胡鞍钢、周建明，2002）。

从对中国现代国家建构的历史考察中，我们可以发现，在经济增长和现代化的道路上，中国国家都是一个本质性变量。在改革开放的40年中，中国国家基本完成了从传统的社会主义发展型国家向新的社会主义发展型的转变，但是发展型国家的弊端也逐渐显现，如何在新的历史条件下完成现代国家建构的任务，有的学者提出了超越发展型国家的议题和途径，这也将研究进一步推向以下几个问题：第一，中国国家将如何在全球化中增强自身的能力，稳固其政治合法性以及构建良好的国内政治秩序；第二，中国国家如何处理好向全球规制机构、地方机构分权的问题，并形成良好的政府间良好的合作关系；第三，中国国家在向市场和社会放权的同时如何形成能够促进经济社会发展的伙伴关系。

第六章　中国现代国家建构的实现路径

当代中国要继续推进改革开放以及应对全球化的挑战，问题已不在于是否需要推进国家的建构，而在于如何来推进国家的建构。福山在论及发展中国家的国家建构指出："我们知道如何以跨越国界的方式引入资源，但是运作健全的公共体制有赖于某些心态习性的养成，其推动过程也相当复杂困难。对于这个领域，我们必须投入更多的心思、关注与研究。"（Francis Fukuyama, 2004）

毫无疑问，我们不能简单地照搬其他国家的国家建构理念。不同的经济和政治制度，"不仅仅是一个不完全现代化的问题，相反，它涉及一个世界社会中相关的制度和历史特殊性，以及在它们不同的时期和形势中的转型"（Bob Jessop, 2005）。事实上，过去两个世纪以来，除东亚地区少数国家转型成功之外，其他发展中国家若不是停滞不前，就是走回头路。当然，我们也不能由此而拒绝实行国家的制度建设和民主建设。国家的制度建设是一个现代国家的基本制度和国家的"基础设施"，它与一个国家现代化的经济建设具有很强的关联性和互补性。实现国家的制度现代化不仅是现代国家最重要的目标，而且也是典型的国家性公共物品，没有国家制度的现代化就无法实现国家的经济现代化（胡鞍钢等，2003，前言）。更何况，中国自1949年建立一个现代民族国家以来，国家建构虽然取得了一定的成就，但不可否认的是，中国的国家建构仍然呈现出一种不均衡性，民主国家的建构远远滞后于民族国家的建构（徐勇，2003）。当前中国国家建构的紧迫性，也正来自于此。

就当代中国的国家建构而言，新自由主义和新左派构成了两股竞相对立的话语。新自由主义认为有限政府乃是中国政治改革的方向，而新左派则认为在当代中国的语境下，要有效地处理财富分配、社会公正等问题，国家权力仍需得到强化。两者各执一端，一时难以达成共识。仔细辨认，新自由主义似乎一味停留于削弱国家的迷思之中，却遗忘了自由主义的隐蔽主题，即高度强调现代国家的重要性，强调国家在提供公共物品与保障一定程度社会正义中的积极作用，强调国家在国际交往中保护本民族利益的重要性（李强，2003）。而新左派则将国家权限的宽泛、国家权力的加强误认为国家能力的强大。因此，“要在中国建构一种既有经济活力又有秩序，既有个人自主又有社会公正的国内秩序；同时使中国在全球化的过程中能够维护本国国民的经济、社会、政治与文化福祉”（李强，2003），就必须超越新自由主义和新左派之争，形成一种新的国家建构话语。

随着中国加入世界贸易组织以及在国际社会中担当越来越多的道义责任。如何尽可能地与国际接轨，修正相关规则和机制以适应国际规制已成当务之急；而如何主动地通过国家建设来调整国家和社会之间的关系，为政治系统的生存和存续营造一个良好的社会生态环境（刘京希，2005）；以及将统治的合法性由经济发展的诉求转变为制度合法性，从而吸纳、整合来自社会参与的冲动的重要性也日益彰显。总体来看，上述所言皆有赖于国家的民主建设和制度建设。

具体而言，国家建构应以“民主”建设作为基本目标。“政府既要推动以法治、参与、人权、透明、稳定为目标的全社会的民主治理，也要推动以分权、效率、责任和服务为目标的自身的民主治理。既要通过法治建设来不断规范政府和约束经济人，也要通过民主建设来不断提高国家的制度合法性。”（黄平、崔之元，2005）唯其如此，才能进一步提高国家参与和管理全球化的素质和能力，才能进一步为国内公民社会等社会力量的发育和成长提供一个良好制度环境，从而为国家与社会之间的良性互动创造条件。而就中国现代国家建构的内容而言，一是要超越发展主义的模式，完善国家的公共服务职能；二是要充分发挥市场配置资源的作用，调整国家与经济的关系；三是积极培育中国公民社会，重塑国家与社会的关系；四是推进政府改革，重构中国的官僚制体系。

第一节　以“民主”建设作为国家建构的基本目标

从某种意义上说，“文化大革命”所带来的经济、社会和政治危机，使1978年开始进行的改革获得了充分的必要性，这也是改革得以顺利展开的历史背景。从改革的历史逻辑中可以看出，1978年开始的改革开放的首要使命就是调整国家与社会的关系，使整个国家与社会摆脱危机，重新走上发展道路。为此，改革必然以民主为旗帜，进行人的思想解放，同时进行政治体制改革与经济体制改革。

政治体制改革与经济体制改革都共同围绕着权力结构调整展开的，其基本取向就是放权：党向国家放权；国家向社会放权；政府向单位或个人放权；单位向个人放权。这种放权不仅触动了传统的集权体制架构，提升了国家权威性，而且培育了突破传统体制、全面推进改革的各种政治和社会力量，提升了社会自主性。由此可以看出，1978年改革以来，中国的现代国家建构开始由民族国家建构转向民主国家建构，开始实现由全能国家向有限国家的转型，按照主权在民的原则主动调整国家与社会的关系，开启了中国政治发展的新阶段。这主要表现在权力的合法性与政治过程的合理性两个方面。

一、权力的合法性

在中国政治权力结构的各要素中，中国共产党无疑居于最突出的地位。因而党内民主的建设不仅关系到党的建设和发展的全局，关系到党的执政合法性问题，而且关系党政问题的解决，关系到国家政治生活的民主化，关系到国家权力的合法性问题。“文化大革命”结束特别是改革开放之后，中国的党内民主逐渐得到恢复，并成为推动党的自身发展，乃至社会发展的重要机制之一。作为中国政治体制改革的重要组成部分，党内民主建设在回应民主国家建构对党的建设提出的问题与挑战中，日益明确自身存在的问题与发展方向。同时，在党、国家与社会互动的过程中，通过规范和创新党内民主的制度，推动党组织自身转型，以更好地实现履行领导与执政的职责的目的，从而维护了国家权力的合法性。

另外，改革开放尤其是建立市场经济体制以来，中国的政治选举制度不断得到创新，出现了四川步云乡直选乡长模式、深圳大鹏镇“两票制”选举镇长模式以及各级党委讨论决定任用干部时的“票决制”。这些选举制度创新，一方面是中国日益卷入世界经济一体化和政治民主化浪潮的结果，另一方面是由于当代中国持续的经济发展、社会力量的不断壮大，促使国家与社会的关系出现了历史性的转变，权威主义政权在面对社会内部或外部时，不断做出调整，试图通过选举这种制度来提升国家权力的合法性，从而逐渐向民主国家转型。

二、政治过程的合理性

政治过程合理性的本质，就是把个人意志决定的政治过程，转化为制度和法律规范的政治过程。应该说，改革开放以来中国的政治发展，很多方面都是围绕着政治和政治过程的理性化追求而展开的。时至今日，这种政治发展的格局还将继续存在与发展。在改革的实践中，政治过程的理想化主要通过如下两个方面展开。

一是用制度规范权力，明晰权力的边界，使权力规范化、制度化。在权力界定上，现代政府是公共管理和公共服务的提供者，其权力来源于人民，并受人民监督。政府的权力是通过政府的职能具体体现出来的。因而要明晰权力的边界，主要是通过转变政府职能实现的。在计划经济体制向市场经济体制转轨的同时，政府组织也随之发生了巨大的变革，这一变革的核心可以归结为从“全能政府”走向“有限政府”，即权力、职能、规模和行为都受到宪法和法律的明确限制，并公开接受社会监督和制约的政府（张雅林，1999）。我们可以看到，通过1992年以来的历次机构改革，以及相应的政府组织制度创新，政府组织已然得到了相当程度的精简，同时，政府职能的转变显然也就意味着政府职能的进一步合理化，因为这一时期政府职能的转变，不仅包括政府从一部门国有企业、社会团体和大量事业单位中回收了本应由其承担的职能，而且包括将本不应由政府承担的职能还给企业、第三部门等市场和社会组织，后者同时也意味着政府职能及相应的行政权力的合理化。必须提及的是，既然机构改革的方案均经全国人大通过，而第三部门制度以及其他政府组织制度方面的改革，也有相应的人大立法、行政法规、行政规章等配套立法的支持，我们有理由认为，从“全能政府”到“有限政府”的转变，权力的明晰，具有一定的法律保障。

二是用程序规范政治过程，完善政治过程，使政治过程民主化、程序化。一定的程序可以尽量减少政治过程中的人为因素，可以增强政治过程的认同基础，从而提高政治运行的效率，最大限度地满足公共利益的要求，提高政治过程的民主化水平。改革开放以来，国家除了积极建立和完善政治过程的程序包括立法程序、行政程序和司法程序等，提高了政治过程的程序化水平，同时还将协商制度引入政治过程中来，出现了协商政治，极大提高了政治过程的民主化水平。在林尚立看来，协商政治包括政治协商和社会协商（林尚立，2003）。政治协商主要体现在人民政协制度。人民政协制度通过参政议政职能，对于社会利益的表达发挥着重要的作用。政治协商制度是在国家政治架构层面上的力量协商机制，社会协商则是整个社会关于利益冲突的个体表达和组织表达的渠道。社会协商制度主要包括信访制度、听证制度、人民调解制度以及共青妇组织提供的协商机制等，这些制度同政治协商制度相互配合，已经成为当前政治过程的一道程序，极大提高了政治过程的民主化水平，在很大程度上有效地化解了中国的利益冲突问题。

第二节　超越发展主义，完善国家的公共服务职能

发展型国家理论把发展作为优先目标，陷入经济还原主义的泥淖。约

翰逊说："度过萧条要求发展经济，准备战争和进行战争要求发展经济，战后重建更要求发展经济，而摆脱美国的援助也要求发展经济。"（查默斯·约翰逊，1992）所以，在发展型国家理论家看来，国家机器整体中的各个部分是同质的，都可以还原为经济发展。而事实上，国家是充满矛盾的。经济还原主义不能解释国家的复杂性和矛盾性，它最多只是一种政治经济的弱理论和狭窄建构理论。

以发展为优先目标的发展主义也受到新环境的挑战。一方面，排斥劳动力、以发展为优先目标的福利模式，受到新阶级结构的挑战。哈根·库（Hagen Koo）指出，在韩国，劳动力关系管理作为一种国家计划与发展本身具有同等重要地位（Hagen Koo, 2005）。但随着发展型国家的发展，这种旧的阶级结构逐渐被打破。精英阶层和大众集团之间，由最初相互对立、排斥、冲突逐渐走向相互沟通、协调、融合。另一方面，随着国际和国内经济局势的变化，尤其是1997年的金融危机使得发展型国家的贫困化、贫富分化以及失业率增加等问题日益严重，重新审视发展主义取向，重新审视经济政策与社会政策之间的关系成为社会的强烈要求（郁建兴、石德金，2008）。这一次以美国"次贷危机"为导火线的全球金融危机，更是要求中国在寻求新的经济发展模式的同时，通过社会改革来建设社会制度，例如社会保障、医疗保险、教育和环保等。

对于中国而言，对发展主义的超越表现在将完善公共服务职能视为国家改革的重点，这包括实现由单纯注重经济增长到同时关注社会和谐发展的转变，实现国家从经济建设主体向经济性公共服务主体的转变，实现以GDP为中心向提供制度性公共产品为中心的转变［中国（海南）改革发展研究院，2005］。在我国，"公共服务"已经被确定为国家的基本职能之一，它主要是指提供公共产品，如交通、商业服务、基础教育、环境保护等，为企业在市场竞争中创造一个良好的外部环境；及时地收集、分析、整理、传递各方面的信息，以提高全社会的信息分享程度，降低因信息不完全造成的无效率等。

在如何完善国家的公共服务职能上，西方国家的一些经验为中国提供了良好的借鉴。

一、最低保障与兼顾效率型公共服务模式

最低保障与兼顾效率型的公共服务模式是一种在社会保障与社会福利等公共服务上坚持以市场为主导，引进竞争和激励机制的制度模式。美国和德国是这一模式的典型代表。

美国的公共服务模式强调通过自由竞争和经济增长、确保劳动者加入劳动市场，以劳动者对生产的贡献程度来保障其生活。美国公共服务强调的是个人的自助，因而社会保障体系是由社会保险、企业养老保险、商业保险共同构成的个人保障体系。在保障资金来源方面，也是强调自助的原则，社会保险等公共服务的财源只是依靠被保人及其雇主以社会保障税的形式缴纳的保险费，国家和一般税收只用于社会救助方面的支出。

以医疗保障为例，美国是实行商业保险的典型国家。经过多年的发展，美国的商业医疗保险已经形成了以个人医疗保险为主的多元化医疗保险体系。然而，美国的医疗保险体系中也有由政府举办的社会医疗保险，只是所占比重不大，它包括医疗照顾制度、医疗救助制度和少数民族免费医疗制度。美国的医疗照顾制度是根据1965年制定的《老年医疗保险法》实施的，保险对象是65岁以上的老人。所需资金主要来自雇主和雇员缴纳的社会保险税的1.45%。美国的医疗救助制度是根据《安全法》的规定，各州政府依据自己的经济发展条件确定贫困线，对低收入人群、失业人群和残疾人群等提供程度不等的、部分免费的医疗保险制度。医疗救助制度的基金来源于所得税，由预算确定支出数额。该项基金由联邦、州和市政府共同负担，其中，联邦政府负担50%，州政府负担35%，市政府负担15%。此外，美国政府还向特殊群体提供免费医疗保险制度，主要对象是印第安人和阿拉斯加州的少数民族，由卫生和人类服务部的印弟安人卫生服务办公室领导，经费实行单独列支（柴建军、陆涛，2003）。

德国的公共服务制度同样强调社会成员的自助性，强调社会保障制度中权利和义务的对等性，在最初的立法就已明确了如下几个原则，社会保险的对象是从事经济活动的雇佣劳动者，社会保险费由雇主和雇员共同

负担，社会保险费按工资收入的一定比例征收，社会保障水平与缴费和工资挂钩等。但是，德国公共服务制度比较重视政府的辅助作用，政府在整个社会保障体系中起着重要的作用。如德国实行的社会医疗保险制度，该制度下，其医疗保险基金的筹集方式主要是雇主和雇员缴费，政府适当补贴。当被保险人及其家人患病、受伤或生育而需要医疗时，就由社会提供医疗服务和物质帮助。

二、全面公平型的公共服务模式

全面公平型的公共服务制度把"公平"作为首要价值理念。它强调以国家为主体，实行对全民的普遍保障。国家承担着保障全体国民的义务和责任，每一个人都享有社会保障的权利。英国和北欧各国是这一模式的典型代表。

英国公共服务制度是基本全面公平型的制度，它遵循的是普遍性和统一性的原则，强调的是自由经济的"机会平等"，它鼓励个人的自助努力，把国家的保障仅限于"平等的最低生活"。也就是说，国家的责任是平等地保障国民的最低生活水平，超出最低生活水平的生活需要由个人承担。为便于比较，这里同样也以医疗保险制度为例，英国是实行国家医疗保险制度最典型的国家。国家医疗保险又称为免费医疗保险，即基本上由国家开办医院，提供医疗服务，公立医院工作人员的工资由国家财政解决，医院实行保本经营。英国早在1911年颁布的《国民保险法》中就规定，所有工薪收入者都应参加医疗保险，在指定的医院就医。1944年，英国政府提出了"国家卫生服务"的口号和建议，并提出医疗保险服务的三个原则：一要对每个人提供广泛的医疗服务；二是卫生服务经费应该全部或大部分从国家税收中支出；三是卫生服务应该由初级服务、地段服务和医院服务三个部分组成。初级卫生服务由通科开业医生（GP）提供，地段服务由当地政府提供，医院服务主要是提供专科医疗服务。1964年，英国又颁布了《国家卫生服务法》。该法规定，凡英国公民，无论其有多少财产，均可免费享受公立医院的医疗服务，患者只需支付挂号费。

以瑞典为代表的北欧模式则是全面公平的公共服务模式。它保障的不仅是社会成员的最低生活水平，而且是对社会成员进行全面的、高水准的保障，带有浓厚的收入均等化的色彩。如瑞典的社会保障制度主要是包括养老保障、医疗保障、失业津贴、住房保障和其他一些津贴。基本养老金是向每一位65岁以上的退休老人提供基本的生活保障。医疗保障方面实行国民医疗保健制度，只要有正式收入的家庭成员按其收入的12.8%缴纳了医疗保险税，全家就可以到指定的医院接受免费医疗，伙食费和住房费免缴。瑞典的失业保障是市场经济国家中最全面和条件最宽松的保障，只要在失业前4个月内工作75天，并向就业部门提交了工作申请报告，就有资格获得失业救济。特殊的住房政策也是瑞典社会保障的一个特点，国家提供住房的优惠长期贷款、住房补助金等等。另外，瑞典的所有教育都是免费的（丁建定，2004）。

三、效率主导型的公共服务模式

效率主导型的公共服务模式就是通过国家立法等强制手段，以个人或家庭的储蓄来进行自我保障。这种模式国家负担轻，对经济效率产生正面影响。新加坡是其中的典型，而该国所实行的储蓄医疗保险制度则充分体现了这一公共服务模式的特色。

储蓄医疗保险制度是一种通过立法强制雇员或劳资双方缴费，以雇员的名义建立保健储蓄账户，用于支付雇员个人及家庭成员医疗费用的医疗保险制度。医疗费用的支付以个人为主，国家只负担其中的一部分。该制度可以分为三个层次，一是在全国范围推行的、强制性的、以帮助个人储蓄和支付医疗保险费用的保健储蓄计划，将个人帐户分为普通账户、保健帐户和特别帐户，保健储蓄帐户的所有者去世后，基金的余额可以由家属继承，且不用交遗产税；二是非强制性的、对大病进行保险的医保双全计划，这一种非强制性的低价医疗保险计划，带有社会统筹性质，目的是帮助参与者支付大病或慢性病的医疗费用；三是政府拨款建立信托基金，以帮助贫困国民支付医疗费用的保险基金计划，让政府设立的救济基金为那些无力支付医疗费用的穷人提供一个安全网。政府补贴、保健储蓄、医保双全、保健基金共同构成了新加坡的医疗保险网，保证每一个公民都能够获得基本的医疗服务。

结合西方国家的经验与我国的经济社会发展状况，完善国家公共服务职能的任务可以从以下几个方面展开：

1. 建立公共服务型政府

十六届三中全会确立了以人为本的发展观。GDP的增长不是最终目的，它要以社会各方面的协调发展为重要前提。在经济体制转轨进程中，长期靠各级政府主导或直接进行投资和建设，不可避免地会导致如下几个方面的恶果：一是政府权力的异化，公共利益部门化，权力寻租无法避免；二是助长了地方保护主义，市场分割，政出多门；三是这种体制必然会以GDP为官员政绩考核的主要指标，造成许多低效率的投资，政府的社会服务功能受到抑制，在失业问题、弱势群体的保护方面难以充分发挥作用；四是市场机制发挥作用的空间被压缩，行政垄断和审批事项增多；五是政府的社会公信力降低，社会信用体系破坏，容易形成畸形的市场经济。

要走出这种路径依赖的陷阱，出路就在于建立一个公共服务型政府。所谓“公共服务型政府”，从经济层面上说，政府存在是为了纠正“市场失灵”，主要为社会提供市场不能够有效提供的公共产品和公共服务，制定公平的规则，加强监管，确保市场竞争的有效性，确保市场在资源配置中的基础性作用。政府不应该直接作为微观经济主体参与市场竞争或者依靠垄断特权与民争利；从政治层面上说，政府的权力是人民赋予的，政府要确保为社会各阶层，包括弱势群体提供一个安全、平等和民主的制度环境，全心全意为人民服务，实现有效的治理而不是统治；从社会层面上说，政府要从社会长远发展出发，提供稳定的就业、义务教育和社会保障，调节贫富差距，打击违法犯罪等，确保社会健康发展。

公共服务型政府是和社会主义市场经济相适应、与执政党宗旨相一致的政府治理模式。其之所以能够实现良治和善治，是因为这种政府治理模式还有如下鲜明的特征：第一，政府必须依法行政，一切公共权力都必须符合宪法和法律，并在宪法和法律的监督之下行使；第二，政府是有限权力政府，政府公共权力由人民授予，必须严格限定在为人民服务的范围内；第三，政府是透明政府，严格实行政务公开，避免暗箱操作，自觉接受人民群众的监督；第四，政府应当是精干的政府，必须严格注重降低治理成本并提高服务质量，避免机构人员膨胀。

建设公共服务型政府更有利于市场经济条件下经济的持续快速发展。从现实来说，政府转型的主要目标之一，是更好地为经济发展服务。通过创造良好环境、完善市场经济，为企业服务来促进经济发展。从经济学上分析，公共服务型政府对促进经济发展的效率比经济建设型政府的效率更高。在市场经济条件下，经济建设型政府对于促进经济发展的作用是有限的，并且不可能长期维持较高的效率。其中的根本原因就是由于产权的问题不容易解决，委托代理的关系不容易处理。在产权关系不能明晰的情况下，一方面造成国有企业的低效运转，另一方面又容易造成腐败的加剧。如果政府从具体的经济建设和经济活动中抽身出来，企业的活力四溢，不仅国有企业会得到发展，民营企业也会得到长足发展。因此，从经济建设型政府转向公共服务型政府，经济发展不仅不会减慢，而且还会大大加快。

2. 扩大公共服务的内容

我国的公共服务型政府应依法向全社会提供政治类、经济类、社会类和公共事业类等四类公共产品和公共服务。

（1）政治类：向全社会提供执行国家法律和政策， 维护国家主权、保护国家安全， 维护社会秩序与社会稳定、促进政治民主和社会公正等纯公共产品和公共服务。包括国防、警务、社会治安、法律、司法、监察、外交、海关、国家机关管理、公民权利保护， 等等。

（2）经济类：向全社会提供宏观调控、经济政策、制度安排和市场监管等纯公共产品和公共服务。包括国民经济发展战略和经济与社会发展中长期指导性规划、技术开发与资源开发规划、货币发行与货币政策、关税政策、产业政策、财政政策与收入分配政策等宏观经济政策，界定和保护产权维护市场秩序、管理国家资产、国民经济统计、产品质量监督和劳动监督，重点工程建设与基础公共设施建设，以及征税并以国民收入再分配、公共财政的形式用于维持国家机器的正常运转、保证政府各项职能的实现，等等。

（3）社会类：向全社会提供社会管理、社会服务等纯公共产品和混合公共产品服务。包括社会保障、社会保险与社会福利政策、社会就业、社会救济、政府扶贫、抢险救灾、计划生育、传染病防疫体系、公共健康和公共卫生体系、医药食品质量安全标准和测评监督体系、公共安全突发事件应急体系，等等。

（4）公共事业类：向全社会提供公共设施、公用事业、公益事业等混合公共产品和公共服务。包括水、电、气、交通、通讯、邮政、公共建筑等城乡公用事业与公共设施提供和管理；自然资源开发与保护、生态环境保护、科技开发战略、基础科学研究、国家科技创新体系建设；义务教育、职业教育、高等教育、继续教育培训、教育政策、教育发展战略和国民教育体系建设；广播、电视、新闻、出版、演艺、艺术、文化、体育等文化体育事业，文化政策和发展战略、国家文化创新体系建设、支持文艺体育创作和科学文化普及、竞技体育资助、文化遗产保护，等等（《转变政府职能与建设公共服务型政府专题研究》课题组，2005）。

3. 改革公共服务的供给方式

最近二十多年世界各国公共物品和公共服务供给制度变革的经验无疑表明了这样一个事实：在公共物品和服务由政府–市场–社会共同供给的格局下，政府选择什么样的治理工具，是政府和市场、社会力量互动的结果，但政府主导性是显而易见的。因为选择什么样的治理工具，本身就是公共选择过程，该过程产生的结果就是制度性公共产品，而政府是制度的最大供给者。以私人企业、志愿机构、互益组织、家庭或公民个人为主体供给公共物品和公共服务的各种模式，无论它们是根据什么样的法律程序得以产生和运行，本质上都是政府治理公共事务的工具。因此，政府必须着力构建一个公共事务多元治理的制度规则，实现政府—市场—社会多中心治理的良性运转。具体来说，政府应提供以下几个方面的制度安排：

第一，在公共物品提供与生产方面，建立多样化的组织形式。公共物品全部由政府组织或公营部门提供、生产或管制，并非是唯一或最有效的途径。由于政府本身存在着垄断性、官僚组织的自利性和面对环境的不确定性与信息的不完全性等约束条件，政府并不能通过“有形的手”将资源的配置达到帕累托最优，往往伴随着公共物品提供不足或提供过度的问题出现。对此，选择多种组织形式提供公共物品和服务成为一种必然。一方面，政府出于政治、法律和道义的责任，考虑到市场组织的外部性缺陷，须对保证国计民生和社会持久发展的纯公共物品和准公共物品予以提供，比如，国防、社会治安、法律秩序和基础教育等，这体现了政府最基本的作用。另一方面，政府提供某类公共物品，并不等于生产此类公共物品的责任也必须由政府或公营部门自身来承担。政府可以借助市场组织和社会组织的优势与能力，来生产这些公共物品。在此过程中，政府更重要的责任是和生产的组织订立收费标准、服务数量与服务质量的契约，确保这些组织生产符合公众需要的公共物品，避免公众利益受到侵害。同时，政府还可以通过补贴、税收政策等调控手段，激发民营企业或社会公益组织生产公共物品的积极性。可见，政府在经济生活中的功能是逐步走向建立伙伴关系、引导和间接的管理，其责任方式发生了显著的变化（Kooiman, J, 1993）。

第二，在提高公共物品及服务提供的效率方面，建立政府内部市场化（Inter Market）和准商业化（Quasi-Commercial）的制度安排。对即使没有外包给社会组织或私营机构的公共服务项目，政府也视物品和服务的性质以及公民的需求诉求，通过不同层次的内部市场化和准商业化的制度设计，引入市场竞争机制，力图修正由政府独家垄断而造成的外来压力缺少、成本控制机制匮乏和服务效率、品质低下的问题。目前国内外常见的制度形式主要包括基金运营制度和公司制度等。基金运营制度是将该部门涉及的国有资产，经核算后，转为该部门初始的运营基金，以基金的保值和增殖作为组织运营的目标。基金组织实行基金经理负责制，自主经营、自负盈亏，有一定决定投资项目和人员任用的权力，利润收入转为基金，有时也转为政府的一般财政收入。公司制度主要是针对那些承担着公益事业服务责任的公营部门，它比基金组织更多地引入了市场企业组织所具有的经营结构和经营方式。从组织内的体制结构、经营者的管理权限、管理人员和工作人员的性质与构成、财务管理方式等都与私营企业没有本质上的差别，只是资产是属于国有的，在定价和固定资产投资回报率等方面受到政府主管部门的监控。

第三，在政府与社会共同承担公共管理方面，建立社区自治管理、外包、公私伙伴关系、民营化等制度安排。除了将市场机制引入到公共组织和公营部门中，政府还可通过多种多样的途径建立公私伙伴关系，将一部分公共物品和公共服务生产让渡给社会自主组织和民营组织承担，以其成本、技术和竞争等优势，为公众提供更有效率、品质更高的物品和服务，同时，也降低了政府和公营部门的支出规模，节省了纳税人的金钱。这是一种典型的公共事务管理多中心的制度安排。常见的形式有：通过教育等服务代用券制度，扩大服务使用者在多个竞争的服务生产者之间的选择度（即所谓的“以足投票”）；通过签约外包和服务购买契约，从一些非政府组织、非盈利组织和民营组织那里获得直接的公共物品和服务；通过税收激励、规制激励、补贴协议和特许经营协议等方式，激励非盈利组织和民营组织更多地承担公共物品和服务生产的责任，促进资源共享的程度，并实行使用者付费制度，等等。

第三节　充分发挥市场作用，调整国家与经济的关系

实践证明，市场机制是迄今为止人类所拥有的最有效的资源配置工具，它能以最快的速度、最低的成本、最简单的形式引导经济主体行为，无论是消费品的分配还是资源的配置，市场机制都能给予较为圆满的解

决。而传统的统治观念体现了极为显著的“亲政府”的价值取向（Pro-Government Values）。这些价值取向认为，市场组织形式存在着重大的弊端，如外部性、垄断、经济波动、公共物品供给不足、收入分配不平等以及贫富差距扩大与贫困等，而“市场失灵”“市场失败”所造成的这些缺陷只能依靠政府组织运用行政和规制的方式才能得到弥补或修正。“亲政府”的价值取向隐含着一个清晰的判断，即市场的组织形式是不可靠的，它固有的自发性和市场中个体“趋利避害”的自利倾向，可能会导致霍布斯式的前国家的无序状态。而20世纪的两次世界经济危机无疑成为市场缺陷的最有力证明。由此而来的推论就是，为了避免市场缺陷，市场必须将一部分权能让渡给凌驾在它之上的组织，由这个组织体系对市场实施控制、规划和规制，而能够承担起这一职能的组织只能是国家和政府机构。相比之下，治道变革的理念则体现了“反政府”的价值取向（Anti-Government Values）。在那里，市场组织存在着失败，但政府组织同样存在着失败，而且“政府失败”带来的危害比“市场失败”的问题可能更大。但是，需要指出的是，治道变革的理念没有否认政府组织存在的意义，并不是倡导无政府主义，而是强调政府及其活动的有限性，强调在解决资源配置过程中市场作用的优先性。因此，治道变革的理念主张政府找到管理市场和社会的合理界限，通过多元化的制度和组织结构安排，在市场能够发挥作用和优势的，并能保证外部效应内在化的地方，应首先由市场组织来完成相关的责任。这一思想在当代政府治理变革运动中得到了十分明显的体现。

我国的市场经济脱胎于传统的计划经济。市场发育还不很充分，市场体系不完善，价格机制建设也不成熟尤其资源要素配置的市场化程度比较低，因此政府职能除了弥补市场机制的内在缺陷外，还必须在消除市场发展障碍、解决市场缺位、创造促进市场发展的条件以及推进市场化改革方面发挥关键性作用，即培育市场成为转型时期政府的一项重要职能。一是市场主体的培育。政府应依法进行产权保护和界定，以明晰市场主体；政府应清理、废除各种形式的等级制度和特权制度，营造各类市场主体公平竞争的环节，使社会各阶层成员享有平等的自由。就目前而言，民营企业是较完全意义上的市场主体，能否建立一支不断壮大的民营企业队伍，直接关系到市场发育的快慢与成败。为此，政府要着力营造民营经济等非国有经济发展的环境，鼓励民间的投资热情，拓宽投资渠道，保护财产权利，完善有利于民营经济发展壮大的制度政策体系。对于国有企业，政府要改变传统的保护政策，要以国有大企业改制为重点，加快国有经济布局的战略性调整，抓紧一批具有自然垄断和公用事业特点的行业的改革、重组和规制，促使其尽快成为独立的理性的市场竞争主体。二是市场体系的建设。政府在促进商品市场发展的同时，要重点培育和扶持要素市场的发展和完善，大力促进、改善劳动、资本、技术、信息等市场制度建设，加快资源要素价格的市场形成机制。按照建立统一、开放、公平、竞争的国内市场要求，大力整顿市场秩序，打破地区封锁、部门垄断的局面，促进国内统一大市场的形成。要把发展现货交易与期货交易、有形市场与无形市场结合起来，形成多层次、多种类、多功能的市场体系网络。三是加快国内市场与国际市场的对接。开拓和利用国际市场既能解决国内资源的瓶颈约束，又能推动国内市场的扩大，加速商品和要素市场的发育。政府应充分利用WTO规则，积极地帮助、引导企业开拓和利用国际市场。要加快对不适应经济全球化的涉外体制、法规和政策的调整，促进出口贸易的发展，改善投资环境，吸引外国直接投资，打破国内与国际两个市场相互分割的体制，实现国际接轨。

应该说，中国经济转型的实质就是重新定位政府与个人、政府与企业的关系，重新定位政府与市场的边界，其主旋律就是减少政府的干预，让市场发挥更大的作用。这也是中国经济在过去40年得以持续增长的根本原因。

最近发生的全球金融危机和经济衰退以及引发的新一轮政府干预市场，并不能改变上述的基本事实。这些事件让我们有机会进一步思考政府与市场的边界以及国家与经济的关系。首先，要区分短期与长期的不同。短期，特别是紧急状况下，政府的作用与长期是不同的。在处理金融危机时，政府必须迅速提供流动性，承担最后贷款人的责任。有时还要使用一些不常用的办法，比如注资甚至接管金融机构和企业。这看上去似乎是在

“国有化”。但是，这只是短期的“救火”措施，而非长期的改变政府与企业边界的政策。比如，发达国家在实施政府注资的时候，政府往往取得优先股，它不包括控制权。这说明目前的所谓“国有化”只是一个短期措施，它同我们理解的长期的政府绝对控股不是一个概念。其次，要区分需求与供给的不同。政府在对待需求不足时的干预政策与政府在对待供给方面的政策不同。在当前需求不足的情况下，扩大内需的主要方式是增加政府的投资力度。但是，增加供给的方式主要是减少政府干预，比如搞活企业，为个人和企业提供激励，这些通常都是减少政府的过度管制，减少税收负担，增加经济自由度。最后，要区分成熟体制的调整与发展中体制的转型的不同。这次美国金融市场出现的风暴，提出了政府监管的问题。但它的起因，是同金融创新有关。金融创新带来了新的机会，同时也带来了新的风险。新的监管措施是为了适应新的创新。在成熟的经济体制中，市场经济已经建立在法治的基础之上，价格（包括要素价格）是由市场决定的，政府是受制约的。而正在转型中的发展中国家的情况并不相同。在法治还未确立时，首先要解决的是如何规范政府与个人、企业和市场的关系。中国40多年的改革开放已经有了长足进展，但产权制度、公平竞争、司法公正、市场透明、产业准入（特别是服务业）、金融市场等方面的改革，还远未完成。中国的问题是金融创新不足。

从以上几点可以认识到，要保持中国经济可持续、较高的增长，是一个长期的问题，不是一个短期的问题；从根本上说是一个供给的问题，不是一个需求的问题；它所处的大环境是不成熟体制的转型问题，不是成熟体制的调整问题。所以，调整政府和市场的边界，其主旋律仍然是减少政府干预，扩大市场作用。

第四节 培育公民力量，重塑国家与社会的关系

莱斯特·萨拉蒙教授指出，自20世纪80年代以来，一场“全球结社

革命”已然出现，在世界的每个角落都呈现出大量的有组织的私人活动和自愿活动的高潮（Salamon L., 1994）。而就在1978年，中国开始启动以市场为导向的经济体制改革，逐渐放弃原来的计划经济，推行社会主义市场经济。随着市场经济的发育和逐步完善，中国的所有制发生了巨大的变化，多种所有制并存的局面开始出现，私人经济部门在经济上变得越来越重要。一个基于不同利益的社会空间逐步得到构建。与此相应，中国也展开了政府管理体制改革以及其他的制度建设，政治体制由此发生了巨大变化。

基于上述经济和政治环境的重大变化，中国民间组织得以活跃和迅速成长。有资料显示，20世纪80年代社会团体的数量曾一度空前增长。从20世纪50年代一直到改革开放前的70年代，我国各种社团和群众组织的数量非常小，50年代初，全国性社团只有44个，60年代也不到100个，地方性社团大约在6000个左右。到了1989年，全国性社团剧增至1600个，地方性社团达到20多万个（王名等，2001）。1989年和1998年，政府两次对社会团体进行了重新登记和清理，取缔了一批非法社团，注销、合并了一批业务相同或相近的社团，民间组织的数量有所减少，但随后它再度获得快速发展。

中国民间组织的“暴发式”增长，可以视之为萨拉蒙所谓“全球结社革命”的中国反应。萨拉蒙认为，“全球结社革命”的出现，大部分取决于“国家危机”的扩展，基于人们对自己处理当前面临的社会福利、发展和环境问题的能力的疑问的增长。在这点上，中国民间组织的增长与之有着相似的背景，那就是，1978年以来，国家主义的意识形态在中国经历了一个不断消解的过程（郁建兴，2007）。德国著名的中国问题研究专家托马斯·海贝勒教授指出：“自1979年以来，农村家庭承包责任制的实施以及与此密切相关的国家组织从农村中退出，是社会力量增长的第一步。”中国在改革开放的历程中，社会分化、社会和地区差距增加等几个方面的变化，对中国社会力量的壮大产生了重要影响（吴志成，2006）。

中国的社会力量具有一般的特征：相对独立于国家和政府；它的主体是非政府和非营利的民间组织；它是市场经济的必然产物，也是民主政治的必然要求；它有自己既不同于政府系统又不同于市场系统的运行规律；它对市场经济的健康发展和民主政治的进步有着重大的影响，等等。另一方面，它也像中国的市场经济和民主政治一样，具有自己的明显特征（俞可平，2007）。

第一，具有明显的官民双重性。中国的民间组织绝大多数由政府创建，并受政府的主导，尤其是那些经过合法登记的有重要影响的民间组织，如各种行业组织、同业组织、研究团体、利益团体等。虽然中国共产党和中国政府力图增大民间组织的自主性，屡屡发布文件，规定党政权力部门现职领导人不得担任各种民间组织和民办非企业单位的领导职务，但是政府对重要民间组织的主导始终是中国社会的显著特点。这种政府对公民社会的主导性是通过以下三种途径实现的：其一，根据政府有关民间组织登记和管理条例的规定，任何民间组织的登记注册，都必须挂靠一个国家核定编制的正式党政机关作为它的主管部门，作为主管机关的党政部门必须对该民间组织负政治领导责任。其二，绝大多数有重要社会影响的民间组织都是由政府自己创立的，尽管它们最后从组织上逐渐脱离了其创办者，但两者之间依然有着极为紧密的联系，创办者照例通常是这些民间组织的主管部门。其三，1998年中央政府发布文件，规定现职处以上党政机关干部不得担任民间组织的主要领导，但是几乎所有重要的社团组织的主要领导都由从领导职位退下来或由机构改革后分流出来的原政府党政官员担任。其四，按照政府的有关规定，民间组织的经费原则上由自己筹集，但事实上至今还有一些重要的非政府组织的活动经费由政府财政拨款，在经济上完全依赖于政府。

第二，具有特殊的制度环境：（1）宏观鼓励与微观约束。改革开放以来，中国的宏观制度环境有利于公民社会的成长，但其微观制度环境则以约束为主。（2）分级登记与双重管理。这种管理体制的基本内容是，任何民间组织都必须同时接受同级民政部门和自身主管部门的双重领导，其中民政部门主管审批登记，主管部门负责日常管理。现行民间组织管理模式中的“双重管理”与“分级登记”“分级管理”是相辅相成的。（3）双重管理与多头管理。“双重管理”的体制必然导致多头管理的格局。根据“双重管理”的规定，每个民间组织都必须同时接受民政部门和业务主管部门的双重领导，而且其日常业务活动主要受主管单位的领导。由此而来的必然结果就是，民间组织的业务主管单位呈现出五花八门的局面。（4）政府法规与党的政策相辅相成，都是管理民间组织的权威性规范，共同构成中国公民社会的基本制度环境。（5）制度剩余与制度匮乏同时并存。一方面，关于民间组织的许多规定大量重复交叉和繁琐；另一方面，在制度剩余的同时，民间组织的管理又存在着许多“真空”地带。（6）制度空间远远小于实际空间。这里所说的“制度空间”，就是按照民间组织管理法规合法存在的空间；“实际空间”是指民间组织现实的存在空间。中国社会发展的制度空间随着其“合法性”标准的不同而极不相同。

第三，中国民间组织正在形成之中，具有某些过渡性特征。与西方国家的民间组织相比，中国的民间组织还很不成熟，民间组织的一些典型特征如自主性、志愿性、非政府性等还不十分明显。中国绝大多数民间组织，是在20世纪80年代中期以后成长起来的，无论其结构还是功能都还没有定型。民间组织的这种过渡性，是与整个中国社会目前正处于转轨时期这种宏观背景相一致的，是社会转轨过程在民间组织中的具体体现。

第四，中国的民间组织还极不规范。虽然民政部修订颁布了试图规范民间组织的新的管理条例，但这一规范过程才刚刚开始。从组织体制上看，目前至少有以下几类民间组织：（1）高度行政化的社团，如工会、共青团和妇联，它们实际上与行政机关没有什么实质性差别，不受社团登记管理条例的约束，直接接受各级党政机关的领导，享受一定的行政级别，其领导人的任免由同级党委决定。（2）相当行政化的社团组织，如工商联、消费者协会等各种行业管理协会，它们有一定的编制并享有一定的级别，承担部分行政管理职能，其主要领导人也由各级党政部门任免，享受干部待遇。（3）基本上民间化的学术性社团，如各种学会、研究会等，它们中的绝大多数没有专职的人员编制，其主要领导由自己推选产生并报经主管机关批准，不享受行政级别。（4）民办非企业单位。这是非常特殊的一类民间组织，它们没有行政级别，行政化程度很低，除了进行专业研究和交流外，还为社会提供某种专业性的服务，如中国管理研究院、中国开发研究院、中国文化研究院等。

第五，中国的民间组织发展很不平衡，在社会政治经济中的地位和影响方面差距也很大。造成这种差距的主原因主要有以下几个方面：（1）制度资源不同。一些民间组织的地位是由国家法律加以规定的，如村委会、居委会、工会、妇联、青年团、中华慈善总会、中华工商联等。而一般的民间组织不享有特殊的法律地位，没有相应的制度资源。（2）传统文化基础不同。如中华民族有尊老的传统，老年协会的威信即源于此。（3）经济实力不同。经济实力强，能够吸引更多的成员，办更多的实事，因而容易得到社会的重视。中国青少年基金会和中华慈善总会募集到巨额基金帮助贫困者和贫困儿童，社会影响力不断加大。（4）领导威望不同，没有一个强有力的领导，即使具备上述条件，民间组织也极难有很大的影响和势力。多数有影响力的民间组织其主要领导往往拥有很高的个人威信，多是从权力机关中离退休下来的资深老干部，或是本身能力很强的专家能人（俞可平，2007）。

应该说，经过40多年的发展，社会组织已经并正在成为我国社会经济发展中的一支重要力量，但就其能够和应当发挥的作用而言，其发展是远远不够的。特别是和国外社会组织的发展相比，和正在兴起并日趋完善的市场经济的发展相比，和改革开放中社会巨大变迁带来的需求相比，我国的社会组织显得明显的先天不足、后天困难。一些学者将中国社会组织目前的困境概括为以下八个方面：（1）注册困境：登记注册门槛高，年检手续繁杂，找“婆家”（业务主管单位）困难，导致大量民间组织游离于法律监管之外。（2）定位困境：一些学会、协会等民间组织行政化倾向严重，甚至变成了“二政府”；还有一些民办非企业单位以营利和避税为目的，存在着严重的企业化和商业化倾向，出现了角色定位困境。（3）人才困境：许多民间组织管理人员待遇低，办公条件差，职业发展前景不明朗，对优秀人才吸引力不强，从而影响到民间组织的整体素质和能力。（4）资金困境：来自政府、企业和国际基金的资助均很缺乏，资金严重不足；政府采购尚未惠及公民社会组织；企业捐款的减免税规定不明确；

私人基金会的设立和运作面临多方面的限制。（5）知识困境：民间组织培训不够，信息渠道不畅，缺乏行动策略和专业知识。（6）信任困境：政府和公众对民间组织普遍缺乏足够的信任；一些民间社会组织缺乏自律机制，透明度不高，甚至出现贪污、挪用、卷款潜逃等恶性事件，导致公众的不信任；许多官员认为民间组织与党和国家相对立、“你强我弱”思想根深蒂固，防范、限制心理严重。（7）参与困境：民间组织及其成员虽有着很高的政治参与热情，但缺乏有效的参与机制。（8）监管困境：登记管理机关将管理重心放在“入口”上，忽视对其活动过程的管理；业务主管单位无法发挥其应有的监管职能；税务部门在监管中发挥作用很小；司法部门在监管中处于缺位状态（何增科，2006）。

因此，国家应进一步转变对待社会力量的态度，改善中国社会力量发展的制度环境。总的来说，国家更应该推动并激发社会，提升社会组织的治理能力。在当前，政府特别需要创新社会管理体制，坚持培育发展和管理监督并重，完善培育扶持和依法管理社会组织的政策，更好地发挥各类社会组织提供服务、反映诉求、规范行为的作用。将公共服务型政府建设与社会建设有机结合起来。

鉴于国家并不是“铁板一块”，当代中国的地方政府在行为选择上有着较大的自主性空间，推进地方政府创新是改善中国社会组织制度环境的又一重要途径。与地方政府的良性互动是温州商会独领风骚的重要经验。在地方公共事务管理中，政府应将不该管、管不了也管不好的社会职能和事务剥离出去，通过“政府购买服务”或者“委托管理”的方式，转交给社会组织去运作和管理。

在目前仍处于严格控制和缺少有利的生存环境下，社会组织不能坐等制度环境的改善，而必须勇于探索，进行观念更新、组织创新，职能创新，维护和争取自己的权利，增强自己的吸引力和凝聚力，去扩大自身的生存空间和社会影响，去争取制度环境的改善，最终承担起为政府机构改革和社会转型创造条件的历史重任。

具体而言，中国社会组织要摆脱目前的困境，还需要做到以下几个方面：

第一，尽快建立完善与社会组织相关的法规，为社会组织的健康发展创造良好的法律政策保障环境。政府作为公共管理的重要主体，基于资源优势和权力优势，必然在许多方面处于主导地位，政府有责任为非政府组织的发展和规范创造良好的法律政策环境，为社会组织的发展提供基本的法律规则和保障，改变当前政府职能转变无法可依和无章可循的混乱局面。彻底扭转把社会组织当做行政机关或事业单位来管理的传统做法，变政府依靠权力管理为通过法律来规范，推进包括事业单位体制改革、社团管理体制改革在内的公民社会组织管理制度改革，使社会组织的运行和管理尽快走上法制化轨道。用法律形式明确以上各类公民社会组织的性质、职能、宗旨、地位、权利、义务、组织形式、活动的范围、经费来源等。从法律制度上保证社会组织领导体制、人事制度和机构设置的独立性，从机构形式和组织制度上，摆脱社会组织与政府部门的从属关系和在人、财、物方面的利益关系上，割断政府和其所属公民社会组织的“脐带”，实现真正的脱钩，定位到产权清晰、权责明确、自我发展、自我约束上来，成为完全独立的社会组织。并且根据不同类型的社会组织的性质不同，功能不同，内部结构也不相同，需要不同的法律规范，对各种社会组织加以法律上的分类并定义和区分不同分类的法规，制定不同的法律规范。

第二，建立起一套有利于社会组织发展的科学化、规范化的管理体系，为社会组织发展构造宽松、良好的发展环境。纵观世界各国政府对社会组织的态度及其法规政策体系，一个共同的趋势，是从重视“入口”管理逐步转向重视“过程”管理，从“静态”管理逐步转向“动态”管理，从“单一”管理逐步转向“分类”管理，从直接管理转变为放开限制，在简化和放松对社会组织登记注册时的必要手续的同时，加强对其组织运作的动态过程和在各个领域的活动监督管理。包括：实行统一的登记和注销管理制度，撤消严格而繁琐的审批手续，实行便捷的申请登记制度，允许社会组织自由成立和以合法的方式在社会中自由活动，也就是从重视“入口”管理转向重视“过程”的监督；实行分类管理制，对社会组织实行分类指导、分级管理，即分门别类、区别对待，属人管辖与属地管辖相结合；实行激励制度，对社会组织进行税收激励、资金激励、人才激励，等等。

第三，引导社会组织建立自律机制，提高社会组织的自治能力。自律是健全社会组织健康发展的机制不可缺少的环节。从规范的意义上说，非政府性和自治性本来就是社会组织的基本特点。但是，现阶段中国的社会组织很多从政府部门脱胎而来，或与政府有着亲近的血缘关系或有直接的隶属关系，导致许多公民社会组织具有明显的官方色彩，自治化的水平很低。因此，加快社会组织的培育和发展，加快社会组织的自治化进程，关键在于政府管理部门的引导。具体体现为：依法建立健全各项规章制度，完善治理结构，通过健全理事会制度、民主机制、参与机制，从制度上确保组织的自律。建立社会组织独立的财务制度，健全严格的财务制度。完善社会组织外部的监督机制，建立和规范包括独立的评估机构、公正客观的媒体监督态度、畅通的公众监督渠道和实效性的政府监督在内的一整套外部监督体系，以便帮助社会组织尽快树立广泛、牢固的社会公信度，等等。

第五节　推进政府改革，重构官僚制体系

官僚制仍然是现代国家基本组织形态，但是官僚制在中国的境遇是双重的。一种观点认为我国尚处于工业化阶段，还没有建立起完善的官僚制行政模式，因此首先应当依据韦伯—威尔逊范式建立与社会化发展相适应的官僚制；另一种观点则侧重于借鉴发达市场经济国家在公共管理和政府改革方面取得的成功经验，以新公共管理运动理论为指导，推动我国政府体制创新，重塑政府与市场、政府与社会的关系。这两种看似相对的观点其实有着内在的统一性，即无论是发展官僚制行政，还是再造公共组织，都是以官僚制组织形态为根本的一种改进，所不同的是改进的路径：一是构建官僚制的工具理性，一是保全为这种工具理性所排斥的价值多元性，

这两种路径是相互依赖的。

中国社会中的组织形式和组织文化还表现出诸多“非官僚制”特征：“家长制”的影响；组织活动中的人格化倾向；组织活动的非理性和缺乏效率；对组织与领导行为缺乏有效的监督；公私不分明，公共职位的占有和依此实施的行政权威成为某些腐败分子谋取个人或团体利益的工具等（魏娜，2002）。而对“非官僚制”的批判往往被人们误认为是对官僚制的批判，进而反对确立理性的官僚体制。但这恰恰证明了依据官僚制基本原则对我国的政府机构进行再造的必要性。从组织功能上来说，我们要明确机构的职能和权限，确定各个职位的权利与义务，使之成为一个功能明确、结构合理的有效机构。从组织运行方式上来看，我们要明确组织的各项规章制度，并使公职人员按照规章制度运作，克服传统行政过程中的随意性。从组织人员的配备上来看，我们要使公职人员职业化，并对他们进行与其岗位对应的技术培训，从而发挥他们的技术优势，以提供公共服务质量。在组织内部的激励制度上，我们要确立规范化的奖惩制度，从而最大限度地调动公职人员的工作热情。可以说，建立起符合市场经济体制要求的政府体制，确实需要一个以韦伯–威尔逊范式为指导的“立官僚制”过程。

另一方面，我们的行政体制改革在解决我国传统行政体制弊端，适应社会主义市场经济发展要求的同时，必须回应全球化的挑战。在以韦伯–威尔逊范式为指导发展官僚制的过程中，我们必须借鉴西方新公共管理运动的理论和实践成果，建立符合当今时代特点的政府模式。例如，可以引入竞争机制，用市场力量改造政府，提高政府工作效率；增强政府公务员的“管理”和“服务”意识，重塑政府与市场关系；打破政企不分、权力过分集中的传统政府管理体制；转变政府是公共产品唯一提供者的角色，让其他公共机构、中介组织、社会社团和企业参与提供公共产品，处理好政府与社会的关系。虽然在公共部门中引入管理主义方式的合理性和有效性还有待于进一步论证，但这种市场化导向的改革从形式上说已构成了一个“去官僚制”的过程。

“立官僚制”与“去官僚制”的双向变革为我国的行政体制改革提

供了一个有益的思路。就这一改革思路的实施而言，所谓“立官僚制”是指依据韦伯-威尔逊范式对我国的政府组织机构进行再造。因而“立官僚制”是一个以政府组织结构为变革对象的、比较技术化的问题。这一改革的实施主要依靠政府自身。所谓“去官僚制”是指通过引入市场机制、转移政府权力、转变政府职能，来改变传统官僚制政府的行政方式。

改革开放40年来，中国进行了八次大规模政府机构改革，这可以看作是一个立官僚制的过程。

1982年的改革是针对当时臃肿的管理机构已不能适应改革开放和经济社会发展需要的现实情况而进行的。其改革方案明确规定各级各部的职数、年龄和文化结构，减少副职，提高素质；在精简机构方面，国务院部委从100个减为61个，人员编制从原来的5.1万人减为3万人。1988年的改革为了配合经济体制改革，将重点放在政府的经济管理部门上，改变政府对经济的干预方式，从直接管理为主转变为间接管理为主，强化宏观管理职能，淡化微观管理职能。同时，政府机构设置和人员编制也发生较大变动。1993年政府机构改革的主题依旧是“精简机构、精简人员”。但由于改革还未涉及更深层次的制度、体制方面，使精简下来的机构在缺乏制度保障的情况下，再次膨胀，导致五年后行政人员又增加了100多万。针对这样的情况，1998年的政府机构改革仍然把精简机构作为改革的主要内容，并且精简幅度和力度都是历次改革中最大的。国务院组成部门由40个减至29个，人员从3.2万人减至1.6万多人，减幅近50%。但随着经济体制的进一步推进，政府日益认识到改革必须是对政府的权力、规模和职能的同时限制，国家开始有意识地对政府职能进行调整，以体现经济体制改革对政治体制改革的要求，例如机构设置要与市场经济的需求一致，要把政府职能转变到宏观调控、社会管理和公共服务方面，把生产经营的权力交给企业；机构的设置建立在法制基础上，并在法制化的轨道上运作，等等。2003年的机构改革更是紧紧抓住政府职能转变的主题，撤销、裁并或增设什么机构都围绕着政府职能的转变进行，而且与中国加入世贸组织的时代背景和社会、经济不断发展的现实背景紧密结合起来。2008年政府机构改革的目标是转变政府职能和理顺部门职责关系，探索实行职能有机统一的大部门体制，加强和完善政府的宏观调控职能，减少对微观事务的管理以及具体审批事项，组建了国家能源局、工业和信息化部、交通运输部、人力资源和社会保障部等。2013年实行的机构改革将生产经营权交给企业，减少对企业的管制，增强宏观管理，并在此基础上推进大部门制度改革。这次改革后，国务院组成部门减少到25个，达到历史最低。2018年中共十九届三中全会全面部署了党和国家机构改革，通过了机构改革方案，重点在于坚持党的领导，加强宏观调控，提高政府运行效能。此次改革撤销了一些部门，组建了新的部门，如撤销环境保护部，组建生态环境部。此间研究人士分析，未来政府机构改革将逐步向“宽职能、少机构”的方向发展，国务院所属机构中的一些部门将进一步整合，拓宽部委职能，逐步向“大部委制”过渡，如大交通、大文化、大农业、大环保等。

未来中国的政府改革应该走向何方，官僚制的建构应如何入手，具体而言，体现在以下几个方面：

1. 形塑与发展新的行政文化

任何社会和政治的发展，都需要先进的文化，这种文化会以自身所展现的新价值、新理想、新观念，对社会发展起引导作用。行政文化是政府的灵魂，也是驱动政府不断创新、不断进步的基石。行政文化涉及政府及其公务人员的理念、价值观、行为、心态以及思考问题的模式。对于政府文化，人们可能有不同的了解和概括。在我们看来，核心在于维护、执行与捍卫立国的基本价值，这些基本的价值在于人性尊严、公共利益、社会正义、民主法治。在某种意义上，政府改革与创新的过程，便是弘扬这些基本价值，并努力促进这些基本价值实现的过程。政府改革不仅是一个追求技术理性的过程，更是实现价值理性的过程。如果不思考基本的价值选择问题，政府管理可能会成为一种缺乏灵魂的盲动，甚至可能成为不良行政的工具。

2. 进一步优化政府组织体系，搭建有效管理的平台

经过几次大的机构调整，各级政府的组织架构逐步趋于合理，但还存在诸多问题。一是水平政府组织偏多。由于过度强调结构功能的组织设计观，整体而言，水平组织还是太多，这会超过有效控制幅度，增加协调的成本。二是政策整合机制薄弱。由于水平组织多，加之职能交叉，整合机制不足，政府领导机关往往难以有效扮演政策整合的角色，政府部门不同程度地存在功能性的短视和追求部门不同利益的倾向。三是组织未能适时地应对核心职能的转变，许多政府部门仍然热衷于具体事务的管理。四是政府组织的性质类型不清楚，部门功能不清，政策制定与执行不分离，独立机构设计原理不合理等。针对上述问题，组织的再造仍是未来改革的一个重要内容。如何实现政府规模的精简化，组织建制的合理化，强化政策的领导与整合协调，落实职能与组织的合理划分等，仍然是长期的改革任务。

3. 改革与调整府际关系，建立有效的府际管理体系

无论是在联邦制国家，还是在单一制国家，都存在着府际关系问题，即各层级政府间的垂直互动关系。从各国的情况看，府际关系从来都是依据社会环境的变迁而不断发展变化和不断调整与重构的，并不存在一个理想的府际关系模式。改革开放以来，我国的府际关系不断调整和变化，取得的成效不小，但问题也很突出，主要表现为权责划分不清晰，权责划分依据不规范，权责划分方式不科学、随意性大，权责约束机制不健全等。府际关系调整涉及很多问题，主要是：（1）调整和改变行政层级问题。现行的事实上的五级行政层级，弊病很多，因此，减少行政层级，促使组织结构走向扁平化实属必然。（2）在调整和改革行政层级的基础上，合理划分中央和地方各级政府之间的管理权限和责任。（3）在合理划分权责的基础上，调整和改革中央与地方的财权，以期实现责任与财力相匹配。（4）在调整和改革府际关系的基础上，建立和发展府际之间协力合作关系，通过信息交流，共同规划，联合行动，相互援助，共同生产等多种方式促进公共事务和公共问题的解决。

4. 通过制度创新不断提升政府能力

政府能力是指政府能够合理地制定、贯彻行之有效的决策，推动集体行动，最大限度地实现自己的目标的能力。只有政府的能力与政府的作用相一致，才能实现发展的目的。政府能力的提升涉及许多方面：一是合法化的能力，即通过公民可期待的行为和绩效获取公民更大的认同、合作和支持。二是适应能力，即应对环境的变化，应对复杂性和不确定性的能力。三是合理性的能力，即合理制定明智而周密的政策，并加以有效执行的能力。四是资源吸收的能力，即吸引以及有效运用各种资源（人力、物力、财力、技术等）达成政府目标的能力。五是经济调节能力，即保证经济调节的前瞻性、可预测性、有效性以及保证经济持续、稳定发展的能力。六是社会规划以及一体化的能力，即对个人和集体的越轨行为实施有效的防范和控制，以保证市场秩序和社会秩序的能力。政府能力提升的关键在于政府管制机制的不断创新，即一套有效的机制保证，如信息机制、决策机制、诱因机制、绩效评价机制、责任追究机制、监督控制机制等。

5. 建立全新的政府行为评价标准，改造政府机关及行政官员的日常行为方式

以目标、产出成果和绩效（Output and Performance）的评估代替传统的投入（Input）和程序控制。这种结果与绩效的行动导向（Result-Oriented）意味着，以组织提供服务的实际成果、业绩和公众的满意度，来界定组织存在的价值、规模和预算数量，由此，绩效评估（Performance Appraisal）、全面品质管理（Total Quality Management）和产出服务的质量标准将同私营企业一样，成为公共组织的生命线（戴维·奥斯本和特德·盖布勒，1996）。为了实现组织的绩效要求，在政府组织内部创建新型的组织文化和官员行为规范。它们包括：将“做正确的事与正确地做事”的思想内化到官员的观念和实际行动中，使官员在组织目标上达成理解与共识；界定公共组织的顾客群体，倡导“顾客导向”（Customer-Oriented or Customer-Driven）与积极回应顾客多样化服务需求的理念；通过团队与学习型组织的构建，发展官员相互学习、团队合作的精神和共同承担责任意识；实施更加公平和富有弹性的组织激励措施，保障团队和官员的贡献与报偿相平衡。与此相对应的是，维系公共组织内部层级关系的控制方式也发生了重大改变。上下级关系的维系方式将是以绩效目标为导向，以绩效契约或绩效承诺书（Performance Pledge）为连结媒介的管理结构，为下级执行机构和人员保留了灵活的管理权限和空间。

结　论

自从2000年《国际社会科学杂志》发表了“变化着的国家角色”专号之后，至少出现了两次有关国家角色的大讨论，一次是“9·11事件”，另一次是2008年开始的新一轮全球金融危机。事实上，国家的作用一直都是国家领导人、政治改革家、学术研究者所关心的话题，政治经济社会环境的变化也使得对国家的研究永远存有新意。长久以来，对国家的讨论是在新自由主义和保守主义的话语中左右前行，但公民社会的兴起、社会力量的分化、全球化的推进、全球问题的涌现、国际规制机构的发展，已然改变了国家的生存环境，把国家放在新的分析框架中讨论成为必然。治理理论强调国家-市场-社会的多元互动，可以成为指导国家变革的有用工具。另外，一些发展中国家治理失败的事例，也唤起了人们对国家建设的要求。在影响深远的全球金融危机的背景下，讨论国家角色的转型既可以验证治理的分析框架，又可以为国家的转型指明方向。

治理的兴起既对传统的国家权威提出了挑战，也为国家的转型提供了出路。

首先，治理挑战了国家的“统治”角色与国家权力的运行向度。

治理与统治的最基本的，甚至可以说是本质性的区别就是，治理虽然需要权威，但这个权威并非一定是政府机关；而统治的权威则必定是政府。统治的主体一定是社会的公共机构，而治理的主体既可以是公共机构，也可以是私人机构，还可以是公共机构和私人机构的合作。治理是政治国家与公民社会的合作、政府与非政府的合作、公共机构与私人机构的合作、强制与自愿的合作。治理的主要特征“不再是监督，而是合同包工；不再是中央集权，而是权力分散；不再是由国家进行再分配，而是国家只负责管理；不再是行政部门的管理，而是根据市场原则的管理；不再是由国家‘指导’，而是由国家和私营部门合作”（弗朗索瓦-格扎维尔·梅理安，1999）。所以，治理是一个比政府更宽泛的概念，从现代的公司到大学以及基层的社区，如果要高效而有序地运行，可以没有政府的统治，但是不能没有治理。

其次，在治理的框架中，管理过程中权力运行的向度不一样。政府统治的权力运行方向总是自上而下的，它运用政府的政治权威，通过发号施令、制定政策和实施政策，对社会公共事务实行单一向度的管理。与此不同，治理则是一个上下互动的管理过程，它主要通过合作、协商、伙伴关系、确立认同和共同的目标等方式实施对公共事务的管理。治理的实质在于建立在市场原则、公共利益和认同之上的合作。它所拥有的管理机制主要不依靠政府的权威，而是合作网络的权威。其权力向度是多元的、相互的，而不是单一的和自上而下的（俞可平，2001）。

治理反思了市场失灵与国家失败的两种场景，超越了自由主义与干预主义之争。

西方的政治学家和管理学家之所以提出治理概念，主张用治理替代统治，是他们在社会资源的配置中既看到了市场的失效，又看到了国家的失效。市场的失效指的是仅运用市场的手段无法达到经济学中的帕累托最优（Pareto optimum）。市场在限制垄断、提供公共品、约束个人的极端自私行为、克服生产的无政府状态、统计成本等方面存在着内在的局限，单纯的市场手段不可能实现社会资源的最佳配置。同样，仅仅依靠国家的计划和命令等手段，也无法达到资源配置的最优化，最终不能促进和保障公民的政治利益和经济利益。而人们逐渐认识到市场失灵与国家失败都是不可避免的事情，全能市场与全能政府都是不可能也是不可为的选择。因此，惟有在市场与政府这两种不完善的可选事物之间做出不完善的抉择，亦即两者之间不完善的结合。鉴于此，“愈来愈多的人热衷于以治理机制对付市场和/或国家协调的失败”（杰索普，1999）。20世纪90年代，治理的兴起无疑正是在市场与国家的这种不完善的结合之外的一种新选择。在今天，“等级式国家协调的优势已经失去……市场协调的优势也已失去……当今世界的特征是不断密集的、扩展的、急剧变化的相互依赖的类型”

（F. W. Scharpf, 1994）。

治理的这种去国家化追求，以及通过自由化的市场力量与公民社会组织的网络式、伙伴式协作与自组织治理，来实现众多治理目标的做法，表达了人们希望在无须国家强制力量的条件下追求共同目标和实现共同利益的美好意愿。治理可以弥补国家和市场在调控和协调过程中的某些不足，但治理也不是万能的，它也内在地存在着许多局限，它不能代替国家而享有合法的政治暴力，它也不可能代替市场而自发地对大多数资源进行有效的配置。事实上，有效的治理必须建立在国家和市场的基础之上，它是对国家和市场手段的补充。在社会资源配置中不仅存在国家的失效和市场的失效，也存在着治理失效的可能。用杰索普的话来说，“治理的要点在于:目标定于谈判和反思过程之中，要通过谈判和反思加以调整。就这个意义而言，治理的失败可以理解成是由于有关各方对原定目标是否仍然有效发生争议而未能重新界定目标所致。”（杰索普，1999）

既然存在着治理失效的可能性，那么，如何克服治理的失效？如何使治理更加有效？这为国家的作用提出了要求，也为国家角色的转型提供了出路。不少学者和国际组织纷纷提出了“元治理”（metagovernance）、“有效的治理”和“善治”等概念。总之，国家无论是在国家与经济、国家与社会关系的调整中，还是在全球治理和地方治理的体系中都将发挥着重要的作用。

对于发展中国家而言，国家角色的转型更重要的体现在现代国家的建构上。

福山指出：“在过去几年中，世界政治的主流是抨击‘大政府’，力图把国家部门的事务交给自由市场或公民社会。但特别是在发展中国家，政府软弱、无能或者无政府状态，却是严重问题的祸根。”在福山看来，无论是亚非拉的发展中国家，还是原苏东地区的转型国家，在实行自由化的市场经济的同时，不适当地向社会全面放权，在削减国家职能范围的同时也削弱了国家能力，导致了无能国家、失败国家，甚至无政府状态，引发了一系列严重的全球治理问题，如恐怖主义、艾滋病、环境污染等等。因而，对于广大第三世界发展中国家而言，一个强而有力的国家也许比自组织治理更加重要，而国家角色的转变也更明显地体现在现代国家的建构上。

许多发展研究者通过对东亚国家的经验考察指出，东亚经济的奇迹归功于发展型国家的模式，一个高度自主和中央集权的国家是经济发展的前提。但是1997—1998年亚洲金融危机的爆发，使“发展型国家”更多地成为了反思和批评的对象。在这些反思和批评中，发展型国家被要求转变对待公民社会的态度，推动并激发社会，将自组织和公民直接参与当做目标，实现分权和民主化。

发展型国家的转型意味着更加全面的国家建构，这个过程与建立一个完善的治理体系不相矛盾。其中实现分权与民主化，发展市场力量和公民社会的力量离不开国家的保护，跳脱发展主义的局限，构建完善的社会政策体系也离不开国家的支持，而形成多元主体的治理方式，更是少不了国家的协调。

1978年以来的改革开放可以被视为中国近代以来最全面的国家建构过程。发展主义的能量释放到一定程度，也遇到了困境。中国在超越发展型国家的同时，不断探寻现代国家建构的实现路径。

受到发展型模式的影响，中国在社会主义建设初期采取了“大跃进”的发展战略和严格的计划经济，国家控制着生产和销售的各个环节，这在一定程度上适应了我国当时的国情，为战后重建、工业化建设作出了贡献。但是这种发展模式也束缚了生产组织的效率和个人的积极性，改革开放以后，中国探索了一条新的发展模式，在社会主义的框架下实现了经济发展和社会发展的活力。这种新形态的发展型国家具有发展主义、经济国家主义、地方政商主义和国家合作主义的多元特征（郁建兴、石德金，2008）。进入了21世纪，科学发展、社会和谐、民生等主题为中国国家建构提出了新的要求，中国需要超越发展型国家的模式。

在我们看来，未来中国现代国家构建的实现路径有以下几条：（1）有学者分析中国在国家建构的进程中，存在着“民族-国家”与“民主-国家”的不均衡性（徐勇，2006）。因而，未来中国国家建构的基本目标应是加强民主建设，走法治化道路。（2）虽然经济发展仍然是中国国家面临的主要任务，但是毫无疑问，构建全面的社会政策体系已经被提上日程，国家应完善其公共服务的职能，建设公共服务型政府，扩大公共服务的覆盖面，丰富公共服务的内容，创新公共服务的供给方式。（3）国家建构的过程也被视为国家与社会关系的调整过程，中国应继续发挥市场在资源配置中的积极作用，并努力培育公民社会组织，提高社会自主性，合理界定国家-市场-社会三者的关系。（4）提高国家能力、进行国家制度建设还需要有高效的政府组织。从20 世纪80 年代开始的经济体制改革以及由此引起的社会变革和转型是中国政府改革与创新的动力。30年的政府改革取得了巨大成就，主要表现在政府管理价值的重新确认和公共性的回归、政府职能日趋合理、政府治理结构日趋理性、政府运行机制逐步完善等方面。未来中国政府改革也面临着重建行政文化、进一步优化政府职能和结构、创新社会管理体制、建立和发展有效府际关系和管理、提升政府能力、建设法治政府等艰巨的任务和挑战。

参考文献

[1] Badie, Bertrand. *The Imported State: The Westernization of the Political Order*[M] , Stanford, CA: Stanford University Press, 2000.

[2] Benett (ed.) , *Decentralization□Intergovernmental Relations□and Markets: Towards a Post-Welfare Agenda?* [C] , Oxford: Clarendon Press, 1990.

[3] Block,Fred, *Revising State Theory: Essays in Politics and Postindustrialism*[M] , Temple University Press, 1987.

[4] Borins, S., The New Public Management is here to stay. *Canadian Public Administration*[J] , 1995, 38:22–132

[5] Boston, J., Martin, J., Pallot, J., & Walsh, P., *Public management: the New Zealand model*[M] . Auckland: Oxford University Press, 1996.

[6] Borins, S. Summary: Government in transition—A new paradigm in public administration. In: Government in transition: a new paradigm in public administration: the inaugural conference of the Commonwealth Association for Public Administration and Management. Toronto: The Commonwealth Association for Public Administration and Management, 1994, pp.3-23

[7] Cable, Vincent, Globalization: Can the State Strike Back?, *The World Today*[J] ,1996, Vol.52, no.5, p.133

[8] Carroll, B.and C. Terrance, Civic Networks, Legitimacy and the Policy Process. *Governance: An International Journal if Policy and Administration*[J] , 2001, 12(1):1-28.

[9] Christopher Findlay, Andrew Watson, and Harry X. Wu (eds.) , *Rural Enterprises in China*[C] , New York, NY: St. Martin's Press, 1994.

[10] Clark, Danny Lam, *Beyond the Developmental State—East Asia's Political Economies*

Reconsidered [C] , Basingstoke, Hampshire : Macmillan, 1998, p.2.

[11] Cohen，J.and S. Peterson, Administrative Decentralization: Strategies for Developing Countries[M] , Kumarian Press, 1999, pp.25-29.

[12] Cox,R.,Globalization, Multilateralism and Democracy, in Approaches to World Order[M] , Cambridge University Press,1996.

[13] Dahl ,Robert, *Democracy and Its Critics*[M] , New Haven: Yale University Press, 1989

[14] Deacon,Bob. International Organizations, the EU and Global Social Policy. In *Globalization and European Welfare State*[C] . New York: Palgrave,2001.

[15] Donald, David.Review: The Japanese Civil Service and Economic Development: Catalysts of Change.; Japan: Who Governs? The Rise of the Developmental State, The Economic Journal[J] , May, 1998,108:899.

[16] Dunsire, A.. Administrative theory in the 1980s: a view point[J] . *Public Administration*, 1995, 73:17-40.

[17] Ellen Meiksins Wood, Global capital, national states, in Mark Rupert and Hazel Smith (ed.) , *Historical Materialism and Globalization*[C] , Routledge, 2002.

[18] Enriquez Juan, Too Many Flags? in *Globalization*[C] . Katrin Sjursen, New York: H.W. Wilson, 2000.

[19] Eric Brodsgaard and Susan Young (eds.) , State Capacity in East Asian: Japan, Taiwan, China, and Vietnam[M] , Oxford: Oxford University Press, 2000, p. 3.

[20] French, Duncan A., The Role of the State and International Organization in Reconciling Sustainable Development and Globalization, *International Environmental Agreements: Politics, Law and Economics*[J] , 2002,2:135-150.

[21] Frissen. *Politics, Governance and Technologv: A Postmodern :Narrative on the Virtual State*[M] .UK: Edward Elgar Publishing Limited, 1999, 122.

[22] Fukuyama, Francis. *State-Building: Governance and World Order in the 21ist Century* [M] , New York: Cornell University Press, 2004.

[23] Crane, George T., *The Political Economy of China's Special Economic Zones*[M] , Armonk: M. E. Sharpe, 1990.

[24] Guillén, Ana M. and Álvarez Santiago, Globalization and the Southern Welfare States, in *Globalization and European Welfare States*[C] , published by Palgrave, 2001.

[25] Gore, A., Jr., The new job of the federal executive[J] . *Public Administration Review*, 1994, 54:317–321.

[26] Gray, Sherry. The Developmental State as (Non) Replicable Model, *Mershon International Studies Review*[J] ,1997, 41(2):298.

[27] Greve Carsten and Jespersen Peter Kragh, New public management and its critics: alternative roads to flexible service delivery to citizens?. in Luc Rouban,*Citizen and The New Governance: Beyond New Public Management*[C] . Amsterdam: IOS Press, 1999.

[28] Hagen Koo.The social contradictions of the Korean state,in Richard Boydand Tak-Wing Ngo (ed.) .*Asian States:Beyond the Developmental Perspective*[C] . London and New York: Routledge Curzon. 2005.

[29] Hamilton, David K. *Governing Metropolitan Areas*[M] . New York: Garland publish ing, Inc, 1999.

[30] Harry Hongyi Lai, Behind China's World Trade Organization Agreement with the USA, *Third World Quarterly*[J] , 22: 2 (2001) , pp. 237-255.

[31] Haward W.Hallman, Small and Large Together: Governing the Metropolis[M] , Sage Publications, lnc. 1977.

[32] Held, David. *Democracy and the Global Order: From the Modern State to Cosmopolitan Governance*[M] , Cambridge: Polity Press, 1995, chapter2.

[33] Held, David.,Anthony McGrew, David Goldblatt and Jonathan Perraton, *Global Transformation: Politics, Economics and Culture*[M] , Stanford, CA: Stanford University, 1999, chapter1.

[34] Held, David. Globalization After September 11th, http://www.polity.co.uk, 2003/10/17.

[35] Hirst, Paul, Tommy G.Thompson. Globalization and the Future of the Nation State. *Economy and Society*[J] , 1995, 24(3):408-442.

[36] Hirst, Paul. Democracy and Global Governance. Paper for forum on identity and

democracy, Rennes, Brittany, September 20th 2002.

[37] Hood, Christopher. A public management for all seasons?, *Public Administration*[J] , 1991, 69:3–19

[38] Rosenau, James N., Turbulence in World Politics：A Theory of Change and Continuity[J] , *The Journal of Politics*, 1991, 53(3):924-926.

[39] Jan Aart Scholter, Global Civil Society, in Ngaire Woods (ed.), *The Political Economy of Globalization*[C] , Macmillan, 2000.

[40] Jan Aart Scholter. Civil society and democracy in global governance[J] . *Global governance*, 2002, 8:288

[41] Jan Kooiman. *Modern Governance: New Government-Society Interactions*[C] . London: SAGE Publications. 1993, pp.47-48.

[42] Jan Kooiman, Social-political Governance: Overview[J] , *Reflection and Design. Public Management*, 1999, 1(1): 67~92.

[43] Joel S. Migdal, *Strong Societies and Wake States: State-Society Relations and State Capabilities in the Third World*[M] , Princeton, NJ: Princeton University Press, 1988.

[44] Joel S. Migdal, Atul Kohli, and Vivienne Shue (eds.), State Power and Social Forces: Domination and Transformation in the Third World[M] , Cambridge: Cambridge University Press, 1994.

[45] John Wong, Rong Ma and Mu Yang (eds.), *China's Rural Entrepreneurs: Market Liberalization, Contractual Form Innovation and Privatization* [C] ,Aldershot: Ashgate, 2000.

[46] John Wong and Sarah Chan, China's Rapidly Changing Export Structure, *EAI Background Brief* no. 85, East Asian Institute, National University Of Singapore, 2001.

[47] John Wong和郑永年(编), *The Nanxun Legacy and China's Development*[C] ,Singapore and London: Singapore University Press and World Scientific, 2001

[48] Johnson, Chalmers, *Japan, Who Governs? The Rise of the Developmental State*, New York:W.W.Norton, 1995.

[49] Johnson, Chalmers，The Developmental State: Odyssey of a Concept, in Meredith Woo-Cumings edited., *The Developmental State*[C] , Cornell University Press, 1999.

[50] Jessop, Bob. State Theory[M] , Polity, 1990.

[51] Jessop, Bob.Towards a Schumpeterian Workfare State? Preliminary Remarks on Post-Fordist Political Economy, *Studies in Political Economy*[J] ,1993, 40:7-40.

[52] Jessop, Bob A regulationist and state-theoretical analysis, in Richard Boyd and Tak-Wing Ngo(ed.), *Asian States: Beyond the Developmental Perspective*[C] , RoutledgeCurzon, 2005.

[53] Kaldor, Mary, *Global Civil Society: An Answer to War*[M] , Polity, 2003.

[54] Kapstein E.B., Territoriality and Who is 'US'?[J] , *International Organization*, 1993, 47(3):503-505.

[55] Keane John, Global Civil Society? [M] Cambridge University Press, 2003.

[56] Keaney.M, "The role of the state in the good society", in M.Keaney (ed.) *Economist with a Public Purpose:Essays in Honour of John Kenneth Galbraith*[C] , Routledge, 2001.

[57] Kjeld Eric Brodsgaard and Susan Young, "Introduction: State Capacity in East Asian," in Kjeld Eric Brodsgaard and Susan Young (eds.), *State Capacity in East Asian: Japan, Taiwan, China, and Vietnam*[C] , Oxford: Oxford University Press, 2000.

[58] Kohli Atul, Where Do High-Growth Political Economics Come From?The Japanese Lineage of Korea's 'Developmental State', in Meredith Woo-Cumings edited., *The Developmental State*[C] , Cornell University Press, 1999.

[59] Langhorne Richard, *The Coming of Globalization*[M] , New York: Palgrave, 2001.

[60] Lena Hjelm-Wallén. Responding to Citizens' Needs: Local Governance and Social Services for All. Report of the United Nations Global Forum on Local Governance and Social Services for All. Stockholm, Sweden, 2-5 May 2000.

[61] Leo Panitch, Rethinking the Role of the State in an era of globalization., (in James H. Mittelman (eds.) , *Globalization: Critical reflections*[C] , Boulder, Co:) Lynne Rienner Publishers. 1996.

[62] Lester C. Thurow, Globalization: The Product of a Knowledge-Based Economy, *The ANNALS of the American Academy of Political and Social Science*[J] , 2000,. 570(1):19-31

［63］Loriaux Michael, The French Developmental State as Myth and Ambition, in Meredith Woo-Cumings edited., *The Developmental State*[C] . Cornell University Press, 1999.

［64］Mark J.Smith, *Rethinking State Theory*[M] , Routledge, 2000.

［65］Martin L. Weizman and Chenggang Xu, *Chinese Township Village Enterprises as Vaguely Defined Cooperatives*[M] ,London: Development Economics Research Program, 1992.

［66］McGrew Tony. Transnational Democracy: Theories and Prospects. http://www.polity.co.uk, 2003/10/17.

［67］OECD. Governance in transition: public management reforms in OECD countries[M] . Paris: OECD, 1995.

［68］Ohmae, K.. Toward a Global Regionalism. *Wall Street Journal*[J] .New York: Apr 27, 1990: A12

［69］Ohmae, K.. Trade watchers should focus on regions, not nations. *Wall Street Journal*[J] , New York: Jan 27, 1993: A16.

［70］Ohmae, K.. The rise of the region-state. *Foreign Affairs*[J] . Spring 1993; 72,2: 78-87.

［71］Ohmae, K.. New world order: The rise of the region-state. *Wall Street Journal*[J] . New York: Aug 16, 1994.

［72］Ohmae, K.i. Globalization, Regions and the New Economy. Transcript of a talk given in celebration of the establishment of the Center for Globalization and Policy Research. Wednesday, January 17, 2001.

［73］Onis, Ziya, The Logic of the Developmental State[J] , *Comparative Politics*, 1991,24(1): 109-126

［74］Peter, B. Evans, D. Rueschmeyer, and T. Skocpol (eds.), *Bringing the State Back In*[M] , Cambridge: Cambridge University Press, 1985.

［75］Pierre Jon and B. Guy Peters, Governance, *Politics And the State*[M] , Macmillan Press Ltd, 2000:53-69.

［76］Putnam, Robert D. Making Democracy Work: Civic Traditions in Mod ern Italy, princeton[M] .NJ: princeton University press, 1993.

［77］Rhodes,R.A.W., Governance and Public Administration, *Debating Governance*[C] ,

Edited by Jon Pierre, Oxford University Press, 1992.

[78] Rosecrance, Richard, The Rise of Virtual State: Territory Becomes Pass?[J] , *Foreign Affair,* 1996, 75(4):50-60

[79] Robert, W. Cox, Toward A Post-Hegemonic Conceptualization of World Order: Reflections on the Relevancy of Ibn Khaldun, in *Approaches to World Order*[C] , UK: Cambridge University Press, 1996.

[80] Samuel, S. Kim,ed, *East Asia and Globalization*[M] , 2nd edition, Rowman & Littlefield Publishers, Inc, 2000.

[81] Sassen, Saskia, *Losing Control? Sovereignty in An Age of Globalization*[M] , New York: Columbia University Press, 1996.

[82] Scharpf,F.W., Games Real Actors Could Play: Positive and Negative Co-Ordination in Embedded Negotiations, *Journal of Theoretical Politics*, 1994,6(1):37.

[83] Sean, O Riain, Putting Developmental States in Their Time and Place, *International Studies Review*[J] , 2000, Vol.2,No.3.

[84] Skinner.Q, *The Foundations of Modern Political Thought*[M] , Cambridge: Cambridge University Press, 1978, vol. 2.

[85] Strange, S.. The Defective State. *Daedalus*[J] . *Spring,* 1995, 124(2):55-74

[86] Strange, S.. The Erosion of the State. Current History[J] . 1997; 96(613): 365-369

[87] Strange,S. The Retreat of the State：The Diffusion of Power in the World Economy, *The American Political Science Review*[J] , 1998, 92(1):270-272.

[88] Stephen, D. Krasner, Sovereignty, *Foreign Policy* [J] , 2001, 22(1):24.

[89] Steven, Chan,Cal Clark,Danny Lam, "Looking beyond the Developmental State", in Steve Chan, Cal Clark, Danny Lam, Beyond the Developmental State-East Asia's Political Economies Reconsidered, Basingstoke, Hampshire: Macmillan, 1998.

[90] Stewart, J., & Walsh, K., Change in the management of public services. *Public Administration*[J] , 1992, 70:499-518.

[91] Thomas, G. Moore, China in the World Market: Chinese Industry and International Sources of Reform in the Post- Mao Era[M] , Cambridge: Cambridge University Press, 2002.

[92] Thomas, L. Friedman, The Lexus and the Olive Tree[M] , New York: Farrar, Straus & Giroux, 1999.

[93] Vincent, Andrew.Theories of the State[M] , Oxford: Basil Blackwell, 1987.

[94] Walsh, Kieron, Public Services and Market Mechanism[M] , Macmillan PressLTD, 1995.

[95] Weiss Linda and John M.Hobson, *State and Economic Development* [M] .PolityPress, 1995.

[96] Weiss, Linda. Globalization and the Myth of the Powerless State, *New Left Review*[J] , 1997, 225:3-27.

[97] Wolf, Martin, Will the Nation-State Survive Globalization?, *Foreign Affairs* [J] ,2001, vol.80, no 1, pp.189-190

[98] Weber, Max, *The Theory of Social and Economic Organization*[C] (ed.), Talcott Parsons, New York: Free Press, 1964.

[99] Woods, Ngaire, ed., *The Political Economy of Globalization*[M] , New York: St. Martin's Press, 2000。

[100] William A. Byrd and Lin Qingsong (eds.), *China's Rural Industry: Structure, Development, and Reform* [C] , Oxford: Oxford University Press, 1990.

[101] William I. Robinson, Capital globalization and the transnationalization of the state, in Mark Rupert and Hazel Smith (ed.), *Historical Materialism and Globalization*[C] , Routledge, 2002.

[102] Wallis,Allan D.The Third Wave: Current Trends in Regional Governance[J] . *National Civic Review*, 1994, 83:285-299.

[103] Y. J. Mo, "The Current Status and Future Prospects of China's Mobile Telecommunication," Conference on China's WTO Accession and Its Impact on Northeast Asia, Seoul, Korea, June 28-29, 2000.

[104] Zweig, David, Internationalizing China: Domestic Interests and Global Linkages[M] , Ithaca, NY: Cornell University Press, 2002.

[105] 阿兰·伯努瓦. 面向全球化[A]，载王列、杨雪冬：全球化与世界[C]，北京：中央编译出版社，1998.

[106] 埃莉诺·奥斯特罗姆. 公共事务的治理之道[M]. 上海：上海三联书店，2000.
[107] 安东尼·吉登斯. 现代性的后果[M]. 南京：译林出版社，2000.
[108] 鲍勃·杰索普. 治理的兴起及其失败的风险：以经济发展为例的论述[A]. 治理与善治[C]，俞可平编. 北京：社会科学文献出版社，2000。
[109] 鲍勃·杰索普. 国家理论的新进展[J]. 世界哲学，2002(1):5-19.
[110] 鲍勃·杰索普. 国家理论的新进展[J]. 世界哲学，2002(2):22-26.
[111] 保罗·赫斯特、格雷厄姆·汤普逊. 民族国家的未来. 国将不国[C]，罗西瑙等著，俞可平等译，江西人民出版社，2004.
[112] 保罗·韦普纳. 全球公民社会中的治理[A]. 全球化：全球治理[C]，俞可平编. 北京：社会文献出版社，2003.
[113] 查默斯·约翰逊. 政治制度和经济运行：日本、南朝鲜和中国台湾的政府与企业之间的关系[A]. 东亚模式的启示——亚洲四小龙政治经济发展研究[C]，弗里德里克·C. 戴约等编著. 中国广播电视出版社，1992, pp.139-174.
[114] 查默斯·约翰逊. 通产省与日本奇迹[M]. 北京：中共中央党校出版社，1992.
[115] 柴建军、陆涛. 美国医疗保险组织的运作[EB/ON]. http://www.chis.com.cn/show.asp?id=297, 2003/2/25.
[116] 陈安. 世纪之交围绕经济主权的新“攻防战”[J]. 国际经济法论丛(第4卷). 陈安编著. 北京：法律出版社，2001.
[117] 陈冬东. 中国社会团体组织大全（第3卷）[M]，北京：专利文献出版社，1998.
[118] 陈东棋，王冬梅. 政府职能转换与政府体制创新[J]. 福建论坛（经济社会版），2000(11):15-20.
[119] 陈振明. 走向一种“新公共管理”的实践模式——当代西方政府改革趋势透视[J]. 厦门大学学报（哲学社会科学版），2000(2):76-84.
[120] 迟福林. 中国经济转型时期的政府改革. 经济社会体制比较[J]，1997(2):42-48.
[121] 大卫·A. 鲍德温. 新现实主义和新自由主义[M]. 浙江人民出版社，2001.
[122] 戴敏敏. 中国地方政府转型的新政治经济学分析[D]. 复旦大学博士学位论文2004.
[123] 戴维·奥斯本和特德·盖布勒. 改革政府：企业精神如何改革着公营部门[M]，上海译文出版社，1996.

[124] 戴维·布朗等. 全球化、非政府组织与多部门关系[A]，载约瑟夫·S. 奈等主编. 全球化世界中的治理[C]，北京：世界知识出版社，2003。

[125] 戴维·赫尔德. 全球大变革[M]. 北京：社会科学出版社，2001.

[126] 戴维·赫尔德. 治理全球化：权力、权威与全球治理[M]. 北京：社会科学文献出版社，2004.

[127] 丹尼尔·耶金. 制高点——重建现代世界的政府与市场之争[M]. 北京：外文书店出版社，2000.

[128] 道格拉斯·C. 诺斯. 经济史中的结构与变迁[M]，陈郁等译. 上海人民出版社，1994.

[129] 邓利维. 国家理论：自由民主的政治学[M]. 杭州，浙江人民出版社，2007.

[130] 丁建定. 瑞典社会保障制度的发展[M]. 北京：中国劳动社会保障出版社，2004.

[131] 丁元竹. 中国青年志愿者协会. 联合国区域发展中心、清华大学NOG研究中心，2000.

[132] 弗朗索瓦-格扎维尔·梅理安(Francois_XavierMerrien). 治理问题与现代福利国家[J]. 国际社会科学，1999(2):59-68.

[133] 弗朗西斯·福山. 国家构建——21世纪的国家治理与世界秩序[M]. 北京：中国社会科学出版社，2007.

[134] 弗雷德里克·C. 特纳、亚历杭德罗·L. 科尔巴乔. 国家的新角色[J]. 国际社会科学杂志，2001(1):111-122.

[135] 弗里德曼. 资本主义与自由[M]. 北京：商务印书馆，1986.

[136] 盖·彼德斯. 欧洲的行政现代化：一种北美视角的分析. 外国行政改革述评[J]，宋世明译. 北京：国家行政学院出版社，1996.

[137] 盖伊·彼得斯. 政府未来的治理模式[M]. 北京：中国人民大学出版社，2001.

[138] 格托夫. 人类关注的全球政治[M]. 北京：新华出版社，2000.

[139] 国纪平. 中国和平发展和世界共同繁荣[N]. 人民日报，2006-03-31.

[140] 哈贝马斯. 公共领域的结构转型[M]. 曹卫东、王晓珏等译，上海：学林出版社，1999.

[141] 哈耶克. 自由秩序原理[M]. 邓正来译. 北京：三联书店，1997.

[142] 汉斯·摩根索．国际纵横策论——争强权、求和平[M]．上海：上海译文出版社，1995.
[143] 何增科．全球公民社会引论[J]．马克思主义与现实，2002(3):31-40.
[144] 何增科．中国公民社会制度环境要素分析．中国公民社会的制度环境[C]，俞可平编，北京：北京大学出版社，2006.
[145] 亨利·勒帕日．美国新自由主义经济学[M]．北京：北京大学出版社，1985.
[146] 胡鞍钢等．国家制度建设[M]．北京：清华大学出版社，2003.
[147] 黄平、崔之元．中国与全球化：华盛顿共识还是北京共识[M]．北京：社会科学文献出版社，2005.
[148] 黄王丽．国外大都市区治理模式[M]．江苏：东南大学出版社，2002.
[149] 霍布斯．利维坦[M]．黎思复、黎廷弼译．北京：商务印书馆，1985.
[150] 吉登斯．第三条道路——社会民主主义的复兴[M]．北京：北京大学出版社，2000.
[151] 吉尔平．全球政治经济学[M]．上海:上海世纪集团出版社，2006.
[152] 杰瑞·斯托克．地方治理研究：范式、理论与启示[J]．浙江大学学报（人文社会科学版），2007(2):5-15.
[153] “经济全球化与政府作用”课题组．经济全球化背景下的政府改革：中国的经验、问题与前景[J]．管理世界，2001(4):3-17.
[154] 凯恩斯．就业利息和货币通论[M]．北京：商务印书馆，1963.
[155] 康晓光．创造希望[M]．漓江出版社、广西师范大学出版社，1997.
[156] 克里斯·哈曼．全球化——一种新正统观念的批判[A]．全球化与世界[C]，王列、杨雪冬编，北京：中央编译出版社，1998.
[157] 莱斯特·萨拉蒙．何增科译．非营利部门的兴起[A]．公民社会与第三部门[C]何增科主编．北京：社会科学文献出版社，2000.
[158] 莱斯特·萨拉蒙、赫尔穆特·安海尔．公民社会部门[A]．公民社会与第三部门[C]何增科主编．北京：社会科学文献出版社，2000.
[159] 莱斯特·萨拉蒙．非营利部门的崛起．马克思主义与现实[J]，2002(3):57-63.
[160] 蓝志勇．行政官僚与现代社会[M]．广东：中山大学出版社，2003.
[161] 李明欢．9·11之后欧洲移民政策的若干思考[J]．华侨华人历史研究，

2002(4):12-16.

[162] 李琪编著. 新中国五年来政治法律工作的成就[C]. 北京：人民出版社，1954.

[163] 李强. 后全能体制下现代国家的构建[J]. 战略与管理，2001(6):77-85.

[164] 李强. 宪政自由主义与国家建构. 宪政主义与现代国家[C]. 北京：三联书店，2003.

[165] 琳达・韦斯. 全球化与国家无能的神话[A]. 全球化与世界[C]，王列、杨雪冬编. 北京：中央编译出版社，1998.

[166] 林尚立. 协商政治:对中国民主政治发展的一种思考. 学习月刊[J]，2003，(4):19-25.

[167] 林毅夫. 政府在经济发展中的作用[J]. 开放潮，2001(3):10-11.

[168] 刘彩虹. 整合与分散——美国大都市区治理体制研究[D]. 复旦大学博士学位论文，2004.

[169] 刘杰. 论转型期的国际机制[J]. 欧洲，1997(6):37-43.

[170] 刘杰. 经济全球化时代的国家主权[M]. 北京：长征出版社，2001.

[171] 刘京希. 国家与社会关系的政治生态理论诉求[J]. 文史哲，2005(2):150-155.

[172] 陆学艺主编. 当代中国社会阶层研究报告[C]. 北京：社会科学文献出版社，2002.

[173] 罗伯特・B. 丹哈特，珍妮特・V. 丹哈特. 新公共服务：服务而非掌舵[J]. 中国行政管理，2002(10):38-44.

[174] 罗伯特・达尔，王沪宁等译. 现代政治分析[M]. 上海：上海译文出版社，1987.

[175] 罗伯特・韦德. 驾驭市场[M]. 北京：企业管理出版社，1994.

[176] 洛克. 政府论（下）[M]，叶启芳译. 北京：商务印书馆，1964.

[177] 马丁・阿尔布劳. 全球时代[M]. 北京：商务印书馆，2001.

[178] 玛丽-克劳德・斯莫茨. 治理在国际关系中的正确运用[J]. 国际社会科学杂志，1999(1):81-89.

[179] 毛寿龙. 制度创新与政府功能[J]. 浙江学刊，1995(5):12-14.

[180] 迈克尔・爱德华兹. 公民社会与全球治理[J]. 马克思主义与现实. 2002(3):49-56.

[181] 迈克尔·哈特、安东尼奥·奈格里著. 杨建国，范一亭译. 帝国——全球化的政治秩序[M]. 南京：江苏人民出版社，2003.

[182] 耐革尔·伍兹、安瑞塔·纳利卡. 治理与责任的限度：世贸组织、国际货币基金组织与世界银行[J]. 国际社会科学杂志，2003(4):69-82.

[183] 尼古拉斯·亨利. 公共行政与公共事务[M]. 华夏出版社，2003.

[184] 宁骚. 民族与国家[M]. 北京：北京大学出版社，1995.

[185] 诺齐克. 无政府、国家与乌托邦[M]. 北京：中国社会科学出版社，1989.

[186] 欧文·E. 休斯. 公共管理导论[M]. 北京：中国人民大学出版社，2001.

[187] 潘伟杰. 现代政治的宪法基础[M]. 上海:华东师范大学出版社，2001.

[188] 钱颖一. 市场经济体制“基础设施”的建立与中央政府的作用[J]. 经济社会体制比较，1993(2):15-16.

[189] 钱颖一. 市场与法治[J]. 经济社会体制比较，2000(3):1-11.

[190] 全球治理委员会. 我们的全球贸易伙伴[M]. 牛津大学出版社，1995. 转引自俞可平，治理与善治[M]. 北京：社会科学文献出版社，2000.

[191] 汝信等主编. 2002年：中国社会形势分析与预测[C]. 北京：中国社会科学文献出版社，2002.

[192] 沈荣华. 关于转变政府职能的若干思考[J]. 政治学研究，1999(4):54-60.

[193] 沈延生. 中国乡治的回顾与展望[J]. 战略与管理，2003(1):52-66.

[194] 世界银行. 1997年世界发展报告：变革世界中的政府[M]. 北京：中国财经出版社，1997.

[195] 施雪华. 当代中国国家权力配置变迁的特点与趋势[J]. 中国特色社会主义研究，2004(1):20-25.

[196] 时殷弘. 论民族国家及其主权的被侵蚀和被削弱——全球化趋势的最大政治效应[J]. 国际论坛，2001(4):1-6.

[197] 斯蒂夫·U. 汉克主编. 私有化与发展[M]. 管椎立等译，北京：中国社会科学出版社，1989.

[198] 斯蒂格利茨. 政府为什么干预经济[M]. 北京：中国物质出版社，1998.

[199] 孙柏瑛. 当代地方治理——面向21世纪的挑战[M]. 北京：中国人民大学出版社，2004.

[200] 唐兴霖，金太军. 论市场化进程中的政府经济职能多元性[J]. 中山大学学报，2000(1):123-129.
[201] 托克维尔. 论美国的民主（上）[M]，北京：商务印书馆，1988.
[202] 托尼·麦克格鲁. 走向真正的全球治理[J]. 马克思主义与现实，2002(1):33-42.
[203] 王红玲. 当代西方政府理论的演变与借鉴[M]，北京：中央编译出版社，2003.
[204] 王宏伟编写. 全球化与跨国国家的形成（上）. 国外理论动态[J]，2002(4).
[205] 汪晖. 现代中国思想的兴起（第二部下卷）[M]，北京：生活、读书、新知三联书店，2004.
[206] 王名主编. 中国NGO研究——以个案为中心[C]. 联合国区域发展中心、清华大学NGO研究中心，2001.
[207] 汪向阳、胡春阳. 治理：当代公共管理理论的新热点[J]. 复旦学报，2000(4):136-140.
[208] 王颖等. 社会中间层——改革与中国的社团组织[M]. 北京：中国发展出版社，1993.
[209] 韦伯. 经济与社会（下）[M]. 北京：商务印书馆，1997.
[210] 威廉姆·凯勒、路易斯·波利. 处于绝境的全球化[A]. 全球化与世界[C]，王列、杨雪冬编，北京：中央编译出版社，1998.
[211] 魏娜. 官僚制的精神与转型时期我国组织模式的塑造[J]. 中国人民大学学报，2002(1):87-92.
[212] 维亚尔达. 比较政治学导论[M]. 北京：北京大学出版社，2005.
[213] 肖梦. 构筑市场经济基础，踏上现代化之旅——专访吴敬琏教授[J]. 经济社会体制比较，1993(1):12-17.
[214] 王名、刘国翰、何建宇. 中国社团改革[M]，北京：社会科学文献出版社，2001.
[215] 王名、贾西津. 中国NGO的发展分析[J]. 管理世界，2002（8）：30-45.
[216] 王绍光. The Social and Political Implications of China’s WTO Membership, Journal of Contemporary China[J], 2000, 9(25):373-405.
[217] 王绍光、胡鞍钢、周建明. 第二代改革战略：积极推进国家制度建设[J]. 战略与管理，2003(2):90-95.

[218] 乌・贝克、哈贝马斯等著．全球化与政治[C]．北京：中央编译出版社，2000．
[219] 乌・贝克．全球化时代民主怎样才是可行的？．全球化与政治[C]．北京：中央编译出版社，2000．
[220] 许红兵．试论入世后中国政府经济职能的科学定位[J]．前沿，2003(5):55-59．
[221] 许庆朴、张福记主编．近现代中国社会(下册l)[M]．山东：齐鲁书社，2002．
[222] 徐勇．内核-边层：可控的放权式改革——对中国改革的政治学解读[J]．开放时代，2003(1):98-112．
[223] 徐勇．现代国家建构中的非均衡性和自主性分析[J]．华中师范大学学报（人文社会科学版），2003(5):97-103．
[224] 徐勇．"回归国家"与现代国家的建构．东南学术[J]，2006(4):18-27．
[225] 亚历山大・内基佩罗夫．华盛顿共识与俄罗斯的经济政策[J]．国际社会科学杂志，2001(4):33-42．
[226] 亚里士多德．政治学[M]．北京：商务印书馆，1965．
[227] 杨冠琼．政府治理体系创新[M]．北京:经济管理出版社，2000．
[228] 杨雪冬．全球化：西方理论前沿[M]．北京：社会科学文献出版社，2002．
[229] 杨雪冬．中国国家构建简论：侧重于过程的考察[J]．上海社会科学院学术季刊，2002(2):34-43．
[230] 英厄马尔・埃兰德．伙伴制与城市治理[J]．国际社会科学杂志，2003(2):21-34．
[231] 俞可平，治理和善治引论[J]，马克思主义与现实，1999(5):37-41．
[232] 俞可平．中国公民社会的兴起与治理的变迁[A]．治理与善治[C]，俞可平主编．北京：社会科学文献出版社，2000．
[233] 俞可平．治理和善治：一种新的政治分析框架[J]．南京社会科学，2001(9):40-44．
[234] 俞可平．全球治理引论[A]．全球化：全球治理[C]，俞可平编．北京：社会科学文献出版社，2003．
[235] 俞可平．论全球化与国家主权[J]．马克思主义与现实，2004(1):4-21．
[236] 俞可平．中国公民社会研究的若干问题[J]．中共中央党校学报，2007(6):14-22．
[237] 余晖等．行业社会及其在中国的发展：理论与案例[M]．北京：经济管理出版社，2002．

[238] 余敏友．以新主权观迎接新世纪的国际法学[J]．法学评论，2000(2):64-72．

[239] 郁建兴等．政治学导论[M]．杭州：浙江大学出版社，2003．

[240] 郁建兴等．在政府与企业之间：以温州商会为研究对象[M]．杭州：浙江人民出版社，2004．

[241] 郁建兴等．民间商会与地方政府：基于浙江省温州市的研究[M]．北京：经济科学出版社，2006．

[242] 郁建兴、周俊．中国公民社会研究的新进展[J]．马克思主义与现实，2006(3):36-45．

[243] 郁建兴、徐越倩、江华．温州商会的例外与不例外：中国公民社会的发展与挑战[J]．浙江大学学报（人文社会科学版），2007(6):5-15．

[244] 郁建兴．治理与国家建构的张力[J]．马克思主义与现实，2008(1):86-93．

[245] 郁建兴、石德金．发展型国家：一种理论范式的批评性考察[J]．文史哲，2008(4):157-168．

[246] 郁建兴、石德金．超越发展型国家与中国的国家转型[J]．学术月刊，2008(4):5-12．

[247] 约瑟夫·A．凯米莱里、吉米·福尔克．主权的终结？[M]．杭州：浙江人民出版社，2001．

[248] 詹姆斯·N．罗西瑙主编．张胜军，刘小林等译．没有政府的治理[M]．南昌：江西人民出版社，2001．

[249] 张成福．面向21世纪的中国政府再造：基本战略的选择[J]．教学与研究，1999(7):5-12．

[250] 张二震．全球化与中国发展道路的理论思考[J]．南京大学学报（哲学·人文科学·社会科学），2007(1):43-49．

[251] 张紧跟．当代美国大都市区治理的争论与启示[J]．华中师范大学学报，2006(7):32-38．

[252] 张世鹏．论资本全球化[J]．当代世界与社会主义，1997(2):26-31．

[253] 张雅林．推进行政改革建立有限政府[J]．中国行政管理，1999,(4):41-44．

[254] 张阳升、张强、袁振龙、郭灵计．社会中介组织的崛起与壮大：执政党面临的一个重大政治课题——关于社会中介组织问题的宏观研究[J]．马克思主义与现

实，2002(5):17-28.

[255] 张幼文、黄仁伟等. 2006年中国国际地位报告[C]. 北京:人民出版社，2006.

[256] 郑杭生、洪大用. 现代化进程中的中国国家与社会——从文化的角度看国家与社会关系的协调[J]. 云南社会科学，1997(5):1-10.

[257] 郑永年. 全球化与中国国家转型[M]. 杭州：浙江人民出版社，2009.

[258] 中国改革发展研究院. 宜谏中国改革[C]. 北京:中国经济出版社，2001.

[259] 中国（海南）改革发展研究院编. 政府转型——中国改革下一步[C]. 北京：中国经济出版社，2005.

[260] 中国社会科学院“当代中国社会结构变迁研究”课题组（李春玲、陈光金执笔）. 中国目前社会阶层结构研究报告[A]. 2002年：中国社会形势分析与预测[C]，汝信等主编. 北京：社会科学文献出版社，2002.

[261] 朱春雷. 建国后中国国家与社会关系研究综述[J]. 广州社会主义学院学报，2007(1):44-46.

[262] 朱德米. 网络状公共治理:合作与共治[J]. 华中师范大学学报(人文社会科学版)，2004(2):5-13.

[263] 朱天飚. 比较政治经济学[M]. 北京:北京大学出版社，2006.

[264] 《转变政府职能与建设公共服务型政府专题研究》课题组. 建设公共服务型政府：政府改革合理的目标选择[J]. 国家教育行政学院学报，2005(9):135-146.

后　　记

关注全球化与国家治理的问题始于博士论文的写作。自从2000年《国际社会科学杂志》发表了“变化着的国家角色”专号之后，至少出现了两次有关国家角色的大讨论，一次是911事件，另一次是2008年开始的新一轮全球金融危机。事实上，国家的作用一直都是国家领导人、政治改革家、学术研究者所关心的话题，政治经济社会环境的变化也使得对国家的研究永远存有新意。长久以来，对国家的讨论是在新自由主义和保守主义的话语中左右前行，但社会力量的兴起与分化、全球问题的涌现、国际规制机构的发展，已然改变了国家的生存环境，把国家放在新的分析框架中讨论成为必然。治理理论强调国家–市场–社会的多元互动，可以成为指导国家变革的有用工具。另外，一些发展中国家治理失败的事例，也唤起了人们对国家建设的要求。在影响深远的全球化背景下，讨论国家角色的转型既可以验证治理的分析框架，又可以为国家的转型指明方向。

以此为题，我一直都很焦虑，因为在这样一个宏大的论题面前，个人的视角总显渺小。在写作中，我反复修改框架，直到完成书稿，依旧不安。这是一个极具延展性的论题，不断发生变化的世界，可以为这个论题随时提供经验事实，也可以随时检验理论的有效性。所以，即便完成了这本书，对于我来说，这也只是一项研究的开始。

感谢我的导师郁建兴教授，与先生的每一次讨论，总能让我在杂乱无章的时候辨清方向，他给予我的帮助已无法细数，我的感激亦无法言表。感谢王诗宗教授、徐勇教授、陈国权教授、蔡宁教授、郎友兴教授对书稿写作提出了中肯的建议。感谢周俊博士、黄红华博士、楼苏萍博士、高翔博士等陪着我在读博期间一同前行，他们的学习态度时刻提醒我不能懈怠。

感谢中国发展出版社对本书出版给予的大力支持。

感谢浙江省社会科学联合会为本书的出版提供的帮助与支持。

感谢浙江省新型重点专业智库浙江工商大学浙商研究院的资助。

感谢我的家人对我的无限支持与宽容。在我最无助、最焦虑、最低落的时候，你们总是默默地牵起我的手。在我最开心的时候，你们总是比我更开心。

最后，全球化、国家角色亦处于变动之中，加上研究能力和时间等原因，本书存在不当和错漏之处，敬请读者不吝指正，有以教我。

徐越倩

2019年7月30日于杭州市